28. Juli 2000

» Das Leben hat nur
so viel Sinn, wie wir
ihm geben. «

D1693780

Lieber Horst,

zu Deinem Geburtstag
wünschen Wir Dir
alles Gute und Liebe.

Thorsten

Petra

Charlotte

Hans

Anna Lina

Horst H. Lange · Als der Jazz begann

Horst H. Lange

Als der Jazz begann
1916 – 1923

– Die Anfänge des instrumentalen Jazz –
Von der Original Dixieland Jazz Band
bis Louis Armstrong

2000
Olms Presse
Hildesheim · Zürich · New York

Titelbild: Archiv Lange

Für Dorina und Rose

Die Deutsche Bibliothek – CIP-Einheitsaufnahme
Lange, Horst H.:
Als der Jazz begann : 1916 – 1923 ; die Anfänge des
instrumentalen Jazz – von der Original Dixieland Jazz Band bis
Louis Armstrong / Horst H. Lange. –
2., verb. und erg. Aufl. – Hildesheim; Zürich; New York:
Olms-Presse, 2000
ISBN 3-487-08417-1

♾ ISO 9706
© 2000 Georg Olms Verlag AG, Hildesheim
2. verbesserte und ergänzte Auflage 2000
Alle Rechte vorbehalten
Printed in Hungary
Gedruckt auf säurefreiem und alterungsbeständigem Papier
Umschlagentwurf: Prof. Paul König, Hildesheim
ISBN 3-487-08417-1

Danksagung

Folgenden Personen sei herzlich für ihre hilfreiche Gesprächsbereitschaft gedankt:

Henry *Red* Allen, Lil Armstrong, Louis Armstrong, Count Basie, Harry O. Brunn, Bill Coleman, Joe Crossman, Michael *Mike* Danzi, William *Wild Bill* Davison, Edward K. *Duke* Ellington, Freddie Green, Frank *Big Boy* Goudie, Frank Guarente jun., Edmond Hall, Woodrow W. *Woody* Herman, Harry James, Gene Krupa, Luigi Martini, Edward *Kid* Ory, Harry F. Reser, Harry Roy, Brian A. L. Rust, Francis J. *Muggsy* Spanier, Rex Stewart, Theodore *Teddy* Wilson, Bert Wilton, Tommy Venn, James O. *Trummy* Young. – Spezieller Dank gilt Nick LaRocca, der Material zur Verfügung stellte, welches sich im Original im Jazz-Archiv der Tulane-Universität, New Orleans, Louisiana, USA, befindet.

Die Fotos stammen aus folgenden Sammlungen:
Lil Armstrong, Frank Guarente jun., Nick LaRocca & Familie, Landesbildstelle Berlin (S. 100), Horst H. Lange.

Original Dixieland "Jass" Band

A HISTORY OF THE FAMOUS ORIGINAL
DIXIELAND JAZZ BAND
CELEBRATED VICTOR ARTISTS
ORIGINATORS OF JAZZ

Werbung für die ODJB um 1920 durch die Victor-Schallplattenwerke.

Inhalt

Vorwort zur Neuauflage

Als das vorliegende Buch im Jahre 1991 erschien, gab es etliche moderate und anerkennende Kritiken. Es wurde eingesehen, daß man gewisse Fakten nicht widerlegen kann und eine historische Begebenheit auf die Dauer nicht durch Imagination und Wunschdenken vertuschen kann. Schuld war die phantasievolle Fiktion früher Jazzfans aus den 30er Jahren, die den rein instrumentalen Jazz der Jahre von 1916 bis 1923 mit der vokalen Musik schwarzer Interpreten des 19. Jahrhunderts in Gemeinsamkeit brachten und glaubten, eine Brücke zwischen beiden Musikformen zu entdecken. Den Unterschied habe ich in dem Buch erklärt wie auch die Herkunft des sogenannten „Afro-American"-Jazzbegriffs, der in der zahlreichen Sekundärliteratur immer wieder repetiert wird, sogar in seriösen Lexika, die sich auf die Erkenntnisse der erwähnten Literatur stützen, wobei Ausnahmen die Regel bestätigen. Selbst seriöse Zeitschriften blieben von dieser Geschichtsklitterei nicht verschont.

In diesem Zusammenhang verwahre ich mich gegen die sinnlosen und heimtückischen Behauptungen, daß meine Arbeiten „rassistisch" wären, nur weil die Fakten nicht in die Denkschablone etlicher „Experten des Jazz" passen. Im Laufe meiner rund 60jährigen Aktivität für den Jazz war ich mit vielen der größten farbigen Musiker befreundet oder bekannt und hatte beste Erfahrungen mit ihnen, auch als Soldat in US-Gefangenschaft – von der Bewunderung ihres musikalischen Könnens ganz abgesehen. So initiierte ich auch die ersten Plattenaufnahmen in Deutschland nach 1945 mit farbigen Musikern (*Rex Stewart, Big Boy Goudie* etc.). Ich kann aber nicht aus Liebe zum Jazz das große Verdienst farbiger Musiker nach 1921–25 als Ansatzpunkt für eine falsche Geschichtsdarstellung, den frühen instrumentalen Jazz und all seine rein europäischen Herkunftsmerkmale in der Musik auf die Dauer unkritisch ansehen. Der Lauf der Zeit wird, wie es bei allen geschichtlichen Ereignissen der Fall war (und ist), erst nach ca. drei bis fünf Generationen die Wahrheit an den Tag bringen. So auch die Erkenntnis über das eigentliche Zeitalter des echten Jazz und Swing, das knapp drei Jahrzehnte dauerte, dem Zeitgeist unterworfen war und lange vorbei ist. Eine andere Musik hat sich aus dem ursprünglichen Jazz entwickelt – aber das ist eine Geschichte für sich und soll beileibe keine Abwertung sein. Auch werden Musikwissenschaftler der Zukunft erkennen – wenn man sachlich die Musik (Tondokumente) und ihre Entwicklung analysiert –, daß es neben den ständig zitierten etwa zwei Dutzend „Standardhelden" eine Unzahl übersehener Jazzmusiker von Format gab, die in den erwähnten frühen Standardbüchern nie genannt wurden und den Verfassern damals wohl unbekannt waren.

Es war mir nicht möglich, aus Gründen der modischen „political correctness" die Schwarzen im Jazz im üblichen Sinne zu heroisieren. Es war und wurde „ihre Musik", vor allem nach 1945, das habe ich nie bezweifelt, als sie den Be-Bop und die aus dem Rhythm and Blues hervorgegangenen Derivate entwickelten.

So manche Zuschrift von eifrigen jungen Jazzfans auf Grund meines Artikels „80 Jahre Jazzplatten" bewies mir die Indoktrination durch die sattsam bekannte Jazzauffassung und Falschbewertung meiner „Einstellung".

Sie können sicher sein, daß die Zeit einst über die phantasievollen Darstellungen des frühen Jazz (vor 1923) hinwegrollt und der historischen Sachlichkeit Platz macht. Die Musik spricht für sich.

Berlin 1999   Horst H. Lange

Vorwort

„Die Wahrheit schwimmt wie Öl auf dem Wasser", heißt ein altes Sprichwort. So wurde einst geglaubt, die Sonne drehe sich um die Erde – es kostete Opfer und Mühen, die Irrlehre zu widerlegen. Doch wie das Beispiel zeigt: Dogmen sind erschütterbar, wenn Fakten endlich die Oberhand gewinnen. Und hernach wollen es alle schon immer gewußt haben, wie es richtig ist.

In der vorliegenden Schrift geht es nicht darum, ein Dogma durch ein anderes zu ersetzen. Es geht einzig und allein um die Klarstellung der historischen Position und Bedeutung der ORIGINAL DIXIELAND JAZZ BAND (ODJB) und ihres Leiters *Nick LaRocca* für den frühen Jazz. Nur beiläufig behandelt werden soll deshalb auch der Streit, wie er vor über dreißig Jahren um die LaRocca-These – weiße und nicht farbige Kapellen spielten als erste Jazz – entbrannte, ein Streit, der mit wilder Polemik einherging, nicht immer sehr kompetent ausgetragen wurde und letztlich wie das Hornberger Schießen ausging.

Seit jener Zeit und bis in unsere Tage konnte kein realer Gegenbeweis gegen die LaRocca-These erbracht werden, nur rein theoretische Erörterungen brachen sich Bahn. Der irrationale Fanatismus vieler Jazzfans ist bekannt, und die Fabel vom Ursprung des „Neger-Jazz" – von Afrika über die Sklaven bis zu den vermeintlichen Musikpionieren in New Orleans usw. – ist bereits Allgemeingut, liest sich recht überzeugend und spricht für die Leistung einer bisher unterdrückten Rasse, von der visuellen Exotik ganz abgesehen. Wer will heute noch in Zweifel stellen, daß der Jazz eine schwarz-weiße Angelegenheit ist und zugleich diejenige Musikform europäischer Tradition, die den Schwarzen vom Temperament her am meisten liegt? Gerade deshalb haben sie es auch im Jazz zu vielen Meisterleistungen gebracht. Jedoch was den Ursprung des Jazz betrifft, sind schon einige führende Jazzhistoriker von der Fiktion der *Neger-These* abgerückt und halten sich an vorhandene Fakten, u. a. an die auf Schallplatten erhaltene frühe Jazzmusik, die schlicht bestätigen, was viele Jazzkritiker nicht wahrhaben wollen. LaRoccas zynisches Wort, daß „manche Jazzkritiker sich wohl nie die Platten der Bands angehört haben, über die sie urteilen", hat ein gehöriges Quentchen Wahrheit aufzuweisen. Eine Antwort auf die törichte Frage, wer den Jazz erfand, kann nicht gegeben werden – denn der Jazz wurde nicht erfunden. Doch hat der Anspruch der ODJB, als die „Creators of Jazz" zu gelten, wie es im vorliegenden Buch geschildert wird, vieles für sich. Die Legende vom *Neger-Jazz* auf Biegen und Brechen zu erschüttern, ist ohne Interesse für dieses Buch. Sein erklärtes Ziel ist es, nicht Bewertungen anzustellen, sondern historische Fakten vorzulegen, damit sie nicht auf Dauer durch Romantik, Goodwill und Wunschdenken verstellt bleiben. Wem daher die Darlegungen widerstreben, möge seine Meinung anhand anderer, realer Fakten fundieren.

Die geschichtlichen Fakten über den frühen Jazz von 1916 bis 1923 sind, so ist zu hoffen, klar und leicht faßbar aneinandergereiht. Von musiktheoretischen Analysen und den heute so en vogue seienden sozialkritischen Aspekten wurde abgesehen. Unvermeidlich bei dieser historischen Darstellung war aber die Häufung von Namen und Daten. Dazu gehören auch etliche Plattenbeispiele von Bedeutung.

Der abschließende kurzgefaßte Ausblick auf die Entwicklung des Jazz nach 1923 ist zugegebenermaßen subjektiv, wird aber von führenden internationalen Jazzhistorikern ebenfalls so gesehen. All die verschiedenen Richtungen des Jazz und seiner Derivate kommen darin hoffentlich ein wenig zu ihrem Recht. Denn nichts ist beständig, alles ist in Bewegung. So hat auch jede Zeit die Musik, die sie verdient, und es wird immer wieder Pioniere geben, die es verstehen, aus vorhandenem Basismaterial etwas Neues und Eigenständiges in der Musik zu schaffen – wie es einst Nick LaRocca und seine ODJB-Kollegen vor rund 75 Jahren vermochten.

Berlin 1990   Horst H. Lange

Kapitel I

Die Anfänge der Jazz- und Hot-Dance-Musik und die Entstehung einer Legende

Die ORIGINAL DIXIELAND JAZZ (JASS) BAND (ODJB) und ihr Leiter und Kornettist Dominic (Nick) LaRocca standen seit Mitte der fünfziger Jahre bis zum Tode LaRoccas am 22. Februar 1961 im Brennpunkt der Auseinandersetzungen unter Jazzexperten, ob die ODJB-Musiker die einzigen und wahren „Creators of Jazz", also „Schöpfer des Jazz", waren oder ob die in vier Jahrzehnten herangesponnene Legende vom „schwarzen Jazz", d. h. daß der Jazz eine Schöpfung der Schwarzen sei, der Wahrheit entspricht. Das sah nach Ketzerei aus. Die Feststellung, daß die Urform des Jazz keine Schöpfung der Farbigen ist, sondern von weißen Musikern geschaffen wurde, klingt so ungeheuerlich in unserer Zeit, weil selbst seriöse Jazzkreise die Jazzmusik als eindeutig schwarze Schöpfung akzeptierten. Dies gedieh schon so weit, daß man vielfach den weißen Jazzmusiker in eine umgekehrte Rolle des berühmten „Jim Crow" (Nigger) gedrängt und die Formel geprägt hat: „Schwarzer Jazz = gut, da Original: Weißer Jazz = schlecht oder zweitklassig, da Kopie". Oder milder: Der schwarze Jazz ist der echte Jazz, der weiße hingegen nur nachempfunden. Eine Unwahrheit wurde durch die andere ergänzt und in verschiedenen Varianten kolportiert – allen alten Tondokumenten zum Trotz!

Wahr ist hingegen nur, daß die Schwarzen mehr aus dem Jazz machten als im allgemeinen die Weißen. Diese einst neue Musik, die nur aus Elementen europäischer Musiktradition bestand, war die einzige, welche der Mentalität der amerikanischen(!) Schwarzen voll entsprach, sie war ihnen gewissermaßen auf den Leib geschrieben, und sie machten sie zu der ihrigen, übrigens ohne anfänglich den wahren Ursprung der Jazzmusik zu verkennen und zu leugnen!

Hier stellt sich die Frage: Was ist Jazz? Die letzte und allgemeingültige Definition ist folgende: Jazz ist eine Musik, deren Grundelemente (wie Melodie, Harmonie, Form und Instrumentation) aus der europäischen, also weißen Musiktradition stammt, der Rhythmus jedoch aus der afrikanischen bzw. schwarzen Musik. Schon bei dieser „klassischen" Definition zeigt sich das weiße Übergewicht, das sogar hundertprozentig wird, wenn man die Fiktion vom angeblichen afrikanischen Rhythmus ad absurdum führt. Man könnte höchstens behaupten, daß bei den schwarzen Musikern das Gefühl für Rhythmus größer sei, gewissermaßen als Urerbe afrikanischer Tänze. Aber auch diese

13

Annahme ist fragwürdig, denn der alte afrikanische (Trommel-)Rhythmus lebt von einer Reihentechnik und unflexibler Monotonie, während der Jazz-Rhythmus der harmonisch-melodischen Form der Melodien bzw. Kompositionen angepaßt ist, ganz wie in der frühen Tanzmusik des 19. Jahrhunderts oder auch in der Marschmusik, aus der die frühe Ragtime- und später die Jazzmusik hervorgingen. Was das afrikanische Gefühl für Rhythmus und Jazz anbelangt, so sei die große Enttäuschung vermerkt, die Louis Armstrong und seine Mannen bei ihrem Afrikabesuch empfanden, als sie zum ersten Mal das Land ihrer Ur-Vorväter besuchten. Nicht sogenanntes Jazzfeeling fanden sie bei ihren afrikanischen Rassegenossen vor, sondern nur mangelndes Gefühl für den Jazz, und so distanzierten sie sich sehr bald als farbige Amerikaner von den afrikanischen Farbigen.

Die im Begriff „afrikanische Rhythmik" zusammengefaßte Apologie der *Neger-Jazz-These* genügt(e) offenbar allgemein, in der Definition der Frage „Was ist Jazz?" die Jazzmusik als „afro-amerikanisch" zu bezeichnen. Somit wurde die Frage „Was ist Jazz?" stets offiziell in gleicher oder ähnlicher Form begründet: Jazz sei improvisierte Musik schwarzer Herkunft(sic), die von den Weißen übernommen wurde. Außerdem machte jegliche Improvisation in der (ursprünglichen) Tanzmusik und später in der elitären, modernen Musik diese Art von Musik zum Jazz.

Was war bzw. ist aber nun der eigentliche Jazz in Realität? Es ist eine Spielweise ursprünglich von sogenannten *Fakern*, notenunkundigen Musikern, die Musik nach dem Gehör in einer Art Kollektivimprovisation innerhalb der kontemporären Tanz-, Unterhaltungs- und Marschmusik (1916-1923) nachspielten, mit folgenden Modifizierungen: ab 1922/23 (beginnend) und verstärkt ab 1924/25 Soloimprovisation und *Showmanship* einzelner Instrumente und die damit verbundene Schaustellung einzelner Supersolisten, denn nach 1922/23 war in der Jazzmusik kaum noch Platz für sogenannte reine *Faker*; die meisten Jazzmusiker erlernten mehr oder weniger gut das Notenlesen, da die (Jazz)Musik immer komplexer und schwieriger wurde, von Ausnahmen abgesehen. Ab 1926/27 setzte bereits die Überbetonung der Hot-Solistik einzelner Instrumente im Jazz ein, ab 1929/30 kam folgerichtig der Übergang in die Swingmusik, eine Mischung aus festgelegtem Ensemblespiel (in Noten, aber auch als Head-Arrangements) und in der Tat die letzte Entwicklungsstufe der eigentlichen Jazzmusik bzw. traditionellen Jazzmusik, was den durchgehenden, logisch aufgebauten Rhythmus, die Melodik und Harmonien anbelangt, jedoch zumeist von größeren Besetzungen (13–15 Mann) gespielt. Diese Entwicklung fand ihre Zäsur im Jahre 1939. Danach kam eine gewisse Stagnation von 1940 bis etwa 1945. Auf die weitere Entwicklung des Jazz ab ca. 1945, oder besser: jazzähnlicher Musik, hier als Jazz-Derivate bezeichnet, wird in einem späteren Kapitel eingegangen. Wir bleiben zunächst bei dem – wenn man so will – *Ur-Jazz* der Jahre von 1916 bis 1923, also bei dem reinen Kollektivspiel improvisierender Musiker, so wie es zunächst von weißen und erst danach von farbigen Kapellen intoniert wurde. Daß es weiße Kapellen waren, die zuerst erfolgreich die neuartige Jazzmusik spielten, ist eigentlich bei der rein europäischen Grundelemente-Herkunft nicht verwunderlich und bringt auch die fanatischen Verfechter der schwarzen Jazzthese immer in einige Verlegenheit und zwingt sie zu allerlei Ausflüchten und Vermutungen, wobei zu der meist strapazierten Verlegenheitsreplik gehört: „Ja, aber die Weißen spielten doch nur nach, was sie von den Farbigen gehört haben." Zu dieser Annahme fehlt bis heute jeglicher Beweis. – Im übrigen wäre die „heiße" Musik bzw. Jazzmusik oder auch Hot-Dance-Musik im Rahmen der Modifizierungen in immer stärker werdendem Rhythmus und der Verwendung *moderner* Instrumente und Orchesterzusammensetzungen ohnehin gekommen, vielleicht sogar in Europa bzw. in England (vor 1916) und natürlich auch in den USA. In beiden Ländern gab es bereits vor 1916/17 verblüffend *moderne* Kapellen, die allerdings noch nicht aus dem Ragtimeschema herausfanden. Es blieb eben fünf jungen weißen *Fakern* – zufälligerweise aus New Orleans – vorbehalten, das Tor zum Jazz aufzustoßen.

In diesem Zusammenhang müssen einige interessante Erkenntnisse berühmter amerikanischer Jazzfachleute erwähnt werden, die einige *Experten* offenbar übersehen haben: So schrieb Leonard Feather in seiner *Encyclopedia of Jazz* bereits 1955 u. a.: „Einige Aspekte des Jazz beruhen auf falschen Auffassungen, die in Umlauf kamen. Die erste und meistverbreitete dieser falschen Auffassungen ist die Theorie, daß der Jazz sich in Afrika entwickelt habe [originated in Africa] und daß New Orleans die ausschließliche amerikanische Geburtsstätte [nursery] sei." Feather erwähnte dabei auch Barry Ulanov (Autor u. a. von *Jazz in America* und *Duke Ellington*); der erstaunlicherweise einmal zu dem Schluß kam, „daß mehr Jazz-Sound im mitteleuropäischen Zigeunergefiedel vorhanden sei als in einem ganzen Korps afrikanischer Trommler". All diesen Erkenntnissen zuwider konnten sich Feather und Ulanov nebst Kollegen und europäischen Epigonen kaum vom „afroamerikanischen" Jazzkonzept trennen, weil sie dem allgemeinen Eindruck der farbigen Kapellen seit Mitte der 20er Jahre unterlagen, den diese mit einer eigentlich weißen Musik, die sie voll adoptiert hatten, den ersten weißen Bewunderern vermittelten.

Die schwarze Jazzentwicklung vollzog sich fast ausschließlich erst in den 20er Jahren. Diese Epoche war die große Zeit für die frühen farbigen Jazzmusiker, unter ihnen Louis Armstrong, einer der Schöpfer der reinen Solistik im

15

Jazz, in Loslösung vom strengen Kollektivspiel der ersten Jazzmusiker. Der Jazz wurde von den Schwarzen absorbiert, da es keine andere Musik gab, die ihnen besser lag, abgesehen vielleicht von ihrer eigenen gesungenen Folkloristik – den Worksongs, Blues, Spirituals und Gospelsongs –, deren Melodiengut und harmonischer Aufbau jedoch ebenfalls weißer Herkunft sind. Diese Musikformen hat man später inkorrekterweise ebenfalls Jazz genannt und damit einen heillosen Wirrwarr geschaffen, so daß der Begriff „Jazz" unzählige Auslegungen bekam.

Unbestritten kann der Jazz durchaus *schwarz* gespielt werden, aber er stammt nicht aus Afrika bzw. von farbigen Musikern! Der Jazz in seiner *ersten instrumentalen* Form war eine Schöpfung der ORIGINAL DIXIELAND BAND, das Werk fünf weißer Musiker, die sich von dem Schema des Ragtime beinahe zufällig befreiten und in der schon geschilderten Kollektivimprovisation im Two-Beat-Rhythmus musizierten. Der Jazz *ergab sich* gewissermaßen zwangsläufig, dank der hohen Musikalität von Nick LaRocca und seinen Leuten, er wurde jedoch nicht „erfunden" (invented). Diesen Begriff „Erfindung" oder „Erfinder des Jazz" zu sein lehnte Nick LaRocca bis zu seinem Tode strikt ab, obwohl man es ihm hundertfach böswillig unterstellte; vielleicht, um ihn lächerlich zu machen. Ohne die erwähnte Tatsache zu berücksichtigen oder auch zu erkennen, ausschließlich von der Blütezeit des schwarzen Jazz der 20er Jahre als Basis ausgehend, begannen einige frühe Jazzautoren, den Spuren des *frühen* Jazz nachzuforschen und ließen sehr schnell die Möglichkeit der weißen Entwicklung der Jazzmusik außer acht. So kam es (im allgemeinen) zur „Neger-Jazz"-These: Mehr oder weniger kopierte ein Jazzchronist den anderen, und nach und nach ergab sich über den Jazz eine Pseudo-Geschichtsschreibung, die gewaltig aufgebauscht, voller Vorurteile ist und sich so scheinbar logisch konsequent geriert – zumindest auf den ersten Blick. Es wird behauptet, der Jazz sei durch die Negersklaverei bedingt und aus „Protest" geschaffen worden, die Neger hätten von den Weißen die Kirchenmusik, Volksmusiken und Tanzmusiken aller Art übernommen, dann sei der Minstrelgesang, der Blues, die Arbeitsgesänge und die Spirituals und schließlich der Ragtime gekommen, wobei der Blues(Gesang) häufig als Urform des Jazz angesehen wird.

Man zeigte waghalsige Relationen zwischen afrikanischen Rhythmen und dem Rhythmus der amerikanischen Schwarzen auf, man schilderte, wie sie die Instrumente der Weißen erlernten und schließlich über den Ragtime hinaus schon etwa zwischen 1890 und 1910 den sogenannten klassischen New-Orleans-Jazz gespielt haben sollen. Und schließlich stand es fest, daß der Jazz von den Schwarzen geschaffen und von den Weißen danach nur kopiert worden sei. Man forschte zurück und fand so eine Anzahl von farbigen Musikern, die einst in New Orleans und Umgebung gelebt und eine lokale Bedeutung gehabt haben. Einfach auf Grund ihrer Hautfarbe wurden sie in Konsequenz sogleich zu „frühen Jazzmusikern" erklärt. Unter ihnen vor allem der legendäre Buddy Bolden, den es zwar tatsächlich gegeben hat (nach einem Totenschein aus dem Jahre 1931), der jedoch vermutlich nichts anderes war als ein überlaut spielender Trompeter in einer Musikart, die man in aller Welt von Dorfkapellen her gewohnt ist, aber mit Jazz oder jazzähnlicher Musik im echten Sinne dieses Begriffes nicht verwechselt werden darf. Es ist noch nicht einmal geklärt, ob es mehrere Bolden gab. Louis Armstrong, der als Kind von einem Trompeter Buddy Bolden hörte, *glaubt*, daß Bolden möglicherweise „the first great individual Jazz player" war, aber er hatte „never a Band like the Dixieland [Band]".[1] Das genügte, um Bolden zum *Jazzman No. 1* zu machen, vor allem – ab den 30er Jahren – forciert von einigen farbigen Musikern, denen natürlich an dieser Version sehr gelegen war, die aber zu Buddy Boldens Lebzeiten noch Kleinkinder oder nicht einmal auf der Welt waren. Hinzu kam die Nichtunterscheidung von Ragtime und Jazz.

Die sogenannte Blütezeit des imaginären – wie er so oft genannt wird – „alten bzw. archaischen New-Orleans-Jazz" der Jahre von etwa 1890 bis 1910 wird in zahllosen Jazzbüchern in dubiosen Kapiteln beschrieben. Fantastische Geschichten aus Storyville, dem einstigen, 1917 zum Teil geschlossenen Vergnügungsviertel in New Orleans, wurden erzählt, von den Trommeln und Tänzen am Congo Square, vom Karneval (Mardi Gras), von gewissen Friedhofsriten der Negerkapellen und von Bordellpianisten, und man *entdeckte* auf einmal Dutzende von Namen großer farbiger Musiker, vermeintlicher *Jazz*-Musiker, im New Orleans der Jahrhundertwende. Immer wieder erwähnte man die Musik bei den Beerdigungen und Aufmärschen, in den Freudenhäusern und Spelunken der Stadt und nannte sie einfach Jazzmusik, obwohl es sich hier um herkömmliche und konventionelle Marsch-, Ragtime-, Salon- und Tanzmusik handelte, in der keine Spur des späteren Jazz zu finden war, wenn man einzig vom Ragtime als unmittelbaren Vorgänger, in chronologischer Reihenfolge, absieht. Der Jazzforscher Harry O. Brunn, der in den 50er Jahren in New Orleans zahlreiche Siebzig- bis Neunzigjährige interviewte und ihnen entsprechende Platten vorspielte, bekam bezeichnenderweise stets die stereotype Antwort, es habe „keinen Jazz in New Orleans vor 1917 gegeben, nur Ragtimemusik".

Zur weiteren Verwirrung trug ferner in den 40er Jahren das sogenannte *New-Orleans-Revival* bei, ein Musikanachronismus ohne Beispiel: Alte Musiker wie Bunk Johnson, Kid Rena, George Lewis und etliche andere ehemalige Ragtimemusiker, die bereits vor 1920 in New Orleans musiziert hatten, wurden von findigen Jazzfans aufgespürt und in neuformierten Kapellen – von denen man die naturgetreue Rekonstruktion der alten, originalen Jazzmusik aus dem alten New Orleans erhoffte – zusammengestellt. Dabei hatte man übersehen, daß eine 20- bis 30jährige Akklimatisierung bzw. Angleichung zur damaligen Jazzentwicklung (40er Jahre!) auch diese alten Farbigen beeinflußt hatte. „Akklimatisierung" bedeutet hier die Verfeinerung der Instrumental- und Ensemblespieltechnik der Kapellen, bis hin zum Schablonenspiel, das heißt, die Revivalisten der 40er Jahre spielten ein Konglomerat der bis zu jener Zeit entwickelten Ensemblespielarten der Jazzmusik, vereint mit ihrem etwas monotonen Plink-Plink-Rhythmus – ein Sound, der in keiner Weise dem Klang der 20er Jahre, geschweige denn der Zeit davor entsprach. Der sogenannte Revival-Jazz war dementsprechend ein Musikkonglomerat, dessen *Echtheit* immerhin von allen Fachleuten in Zweifel gezogen wird und recht schnell den Reiz seiner Aussage einbüßte. Er wurde und wird nicht mehr ernst genommen, wurde aber als *Jazz aus der Retorte* ein dankbares Vorbild für Amateurkapellen in aller Welt und hat wenigstens dazu beigetragen, den Jazz zu popularisieren, wenngleich es sich hier auch um eine Art Ersatz-Jazz handelt. Den vielbeschworenen „klassischen New-Orleans-Jazz" der Jahre von 1890 bis 1916/17 hat es aber nie gegeben! Es sei denn, man bezeichnet alle farbigen Kapellen, die damals in New Orleans musizierten, nur weil sie eben farbig waren, ganz einfach als Jazz-Orchester. Aber auch einige weiße Ragtime-Musiker mußten als *Beweis* herhalten – natürlich als Kopisten der Farbigen – wie Jack *Papa* Laine mit seiner Tanzkapelle und der weiße Straßenmusikant *Stale Bread* Lacoume, um nur zwei wichtige Namen zu nennen.

Wahrheit ist, daß alle farbigen und auch weißen Orchester in New Orleans vor der Gründung der ODJB nur herkömmliche Musik spielten, entweder einfache Marschmusik oder die üblichen Musikformen, darunter auch den damals modernen Ragtime, aber auch Tango, Polka und Maxixe als Salonmusik. Und wenn man bereit ist, den Ragtime als Vorform des Jazz anzusehen, so muß hier darauf hingewiesen werden, daß auch der Ragtime nicht schwarzer Herkunft ist und seine Vorform bis in die europäische Musik des 14. Jahrhunderts zurückverfolgt werden kann, wie es C. Crozart Conveese 1899 in einer wissenschaftlichen Abhandlung nachgewiesen hat[2], und daß am 2. Februar 1897 William Krell, ein Weißer, die erste Ragtimekomposition, „The Mississippi Rag", publizierte! Natürlich gab es bald begabte, ja sogar geniale schwarze Nachahmer und Interpreten, vor allem Pianisten wie z. B. Tom Turpin oder auch Scott Joplin, die dann für den Ragtime etwa die gleiche Bedeutung hatten wie später King Oliver im Jazz. Ebenso wie der Jazz wurde auch der Ragtime nicht „erfunden", sicher auch nicht von Krell, er war nur eine damalige

Modernisierung – wenn man so will – der Marschmusik, die wohl ziemlich allgemein war (auch in Europa mit Polka und Galopp), selbst wenn diese Musik nur auf Soloinstrumenten, Klavier oder Banjo, gespielt wurde.

Das umwälzend Neue, was an Musik im New Orleans der Jahrhundertwende tatsächlich gespielt wurde, war eben der ausgeprägte Ragtime. Hier war der rhythmische Akzent zwar größer als bei der bisherigen Tanz- und Unterhaltungsmusik durch die Synkopesierung der Melodien. Der Ragtime war aber mit dem eigentlichen Jazz eben noch lange nicht identisch, kann bei wohlwollender Beurteilung aber als der direkte Vorläufer der Jazzmusik angesehen werden. Im Gegensatz zum Jazz war er starr nach Noten festgelegt. Da gab es weder Kollektivimprovisationen oder etwa gar Hotsolistik, weder bei den frühen farbigen noch bei weißen Tanz- und Marschkapellen im alten New Orleans. Die ganze sogenannte *Improvisation* der alten Bands bestand darin, daß die Musiker, die kaum oder gar keine Noten lesen konnten, die entsprechenden Kompositionen nach dem Gehör notengetreu auswendig spielten, wie es Amateure in jeder Epoche tun. Alles klang oft recht kakophonisch und erinnert an leicht verstimmte Dorfkapellen. Das bestätigen viele Zeitgenossen von damals und kann nicht widerlegt werden. Obendrein gab es so etwas auch in Europa in der gleichen Epoche.

Widerlegt sind schon lange die „Erzählungen" von Jelly-Roll Morton, der zwar ein überaus begabter Musiker war und ein berühmter *Jazzer* der 20er Jahre, jedoch leider auch ein ebenso begabter Aufschneider. Auch Morton half durch seine Erzählungen für die Library of Congress (Schallplattenaufnahmen für das Tonarchiv der US-Nationalbibliothek in Washington, D.C.), weitere Verwirrung schaffen, wobei er sich neben zahlreichen Fabeln zu der Behauptung verstieg, er habe den Jazz im Jahre 1902 *erfunden*, einer Behauptung, mit der er seine Geschichten ad absurdum führte. Seinen Phantastereien entsprang auch die oft kolportierte Geschichte von der französischen Quadrille „Praliné", aus der sich angeblich der berühmte ODJB-Titel „Tiger Rag" herleitete. Sein Weggefährte und Manager, der Komponist Harrison Smith, nannte ihn – in Abwandlung des Wortes „fabulous" – den „Fabelous Jelly Roll" (den fabulierenden Jelly Roll) und wies nach, daß fast die Hälfte aller Morton-Kompositionen von bereits bestehenden Melodien „entlehnt" waren und daß Morton bei all seinen Qualitäten eine geradezu blühende Fantasie besaß und ein wahrer Meister des „Embellishment" (Verschönerung bzw. Ausschmückung) von Stories war.

Was Morton jedoch noch aus übersteigertem Selbstgefühl und aus harmloser Angabe tat, begannen andere, zum Ruhme der schwarzen Rasse, bewußt zu predigen und den Jazz zu einer originalen schwarzen Angelegenheit zu erklären und den weißen Jazz als zweitrangig anzusehen. So wird in der allgemeinen Jazz-Literatur der schwarze Jazz ständig *über* den weißen Jazz gestellt, und manche Jazzfans glaubten „Puristen" zu sein, wenn sie nur Schallplatten schwarzer Musiker sammelten. Hinzu kommt und kam die visuelle Exotik farbiger Orchester, das Tanztalent und die naive Ursprünglichkeit, die auf viele Jazzfans und Jazzautoren so faszinierend wirkte, daß ihnen eine Gleichwertigkeit mit den weißen Orchestern irrelevant erschien. So drängte man den Jazz den Schwarzen förmlich auf. Die Schwarzen wiederum merkten sehr schnell, daß hier etwas Großartiges war, was der schwarze Mann hervorgebracht haben soll: eine Musik, die die Welt erobert hat und somit ein Beweis für die schöpferische Kraft der schwarzen Rasse sein konnte. Der Jazz wurde gewissermaßen für sie zur Legitimation der Rasse, unterstützt durch die Forschungen etlicher Jazzexperten, die es ihnen erleichterten, sich auf ihre angeblichen Pioniere, *Jazz*-Pioniere wohlbemerkt, zu besinnen, allen voran der legendäre *Heros* des Jazz, Buddy Bolden, der Trompete spielende Barbier aus New Orleans.

Zwei berüchtigte und von *Neger-Jazz*-Apologeten vielzitierte *Beweise* sind auch die Erzählungen von zwei farbigen Jazzmusikern der 20er und 30er Jahre: Preston Jackson (Jahrgang 1903) und Albert Nicholas (Jahrgang 1900). Der erste behauptete, „daß die LaRocca-Boys der Dixieland Band ... [um die King-Oliver-Band] herumhingen und viele Ideen durch diese erhielten", so „um 1915, 1916 bis 1918".[3] Ein Kommentar erübrigt sich, wenn man weiß, daß die eigentliche Jazzband von King Oliver erst seit Anfang der 20er Jahre existierte. Noch frappanter und mit einem doppelten Dilemma angereichert ist die Behauptung von Albert Nicholas, daß „um 1916 LaRoccas Musik als *Mickey Mouse Jazz* bezeichnet wurde"[4], denn der Begriff „Jazz" entstand erst 1916 und war nicht gemeinhin geläufig, und Mickymaus wurde in aller Welt gar erst 1928 bekannt. Albert Nicholas machte nicht nur diesen Fehler, sondern warf wie viele andere ODJB-Gegner die Zeiten durcheinander und zählte Bands sowie einzelne farbige Musiker auf, die erst in den 20er Jahren Jazz spielten. Daß der Begriff „Mickey Mouse Jazz" viele Jahre nach der Auflösung der ODJB von etlichen Musikern für die alten akustischen ODJB-Aufnahmen möglicherweise verwendet wurde – vor allem in den 30er Jahren –, mag durchaus möglich sein, ist aber im historischen Zusammenhang ziemlicher Unsinn und steht überdies im Gegensatz zu der fachlichen Bewunderung der ODJB durch die Mehrzahl kompetenter Musiker. Daß derartige Zitate in gewissen Jazz-Lexika übernommen wurden, wirft ein bezeichnendes Licht auf die Sachkunde der Mitarbeiter.

Vielsagend war aber auch, daß in den 20er und 30er Jahren die meisten farbigen Musiker noch wahrheitsgemäß über ihre ersten Jazzeindrücke berichteten und auf das ODJB-Vorbild treuherzig hinwiesen, danach aber – meist in den 40er und 50er Jahren – begannen, vom legendären Buddy Bolden zu erzählen und fantasievolle Geschichten aus dem alten Storyville in New Orleans verbreiteten. Bezeichnenderweise waren viele dieser Berichterstatter und sogenannten New Orleanser Jazzveteranen, wie schon gesagt, in den Jahren 1890 bis 1910 noch gar nicht auf der Welt oder noch im zarten Kindesalter. Dies wurde von vielen Jazzexperten eilfertig übersehen. Ehrliche alte farbige Musiker konnten sich stets nur darauf besinnen, daß die Musik im alten New Orleans in den Jahren vor 1917 nicht im entferntesten Ähnlichkeit mit dem hatte, was man seit jener Zeit unter Jazzmusik versteht. Schon Louis Armstrong gestand in einer seiner ersten Radiosendungen freimütig, daß „wir [Jazzmusiker] nichts ohne Papa LaRocca wären", und in seiner ersten Autobiographie *Swing That Music* (1936) beschrieb er unverfälscht, welch tiefgreifenden Eindruck die ODJB auf ihn machte. Darin heißt es: „Nur vier Jahre bevor ich die Trompete spielen lernte ..., wurde das erste großartige Jazzorchester in New Orleans von einem Kornettspieler namens Dominic James LaRocca gebildet ... Sein Orchester bestand nur aus fünf Instrumenten, aber es waren die heißesten, welche man bis dahin gehört hatte ... Sie alle wurden berühmte Musiker, und die Dixieland-Band ging in die Musikgeschichte ein."

Natürlich wurde diese Armstrong-Autobiographie von interessierten Kreisen als authentisches Werk Armstrongs angezweifelt, da es nicht in ihr Denkschema paßte. Armstrong bestätigte aber seine Authentizität und bezeichnete

Only four years before I learned to play the trumpet in the Waif's Home, or in 1909, the first great jazz orchestra was formed in New Orleans by a cornet player named Dominick James LaRocca. They called him "Nick" LaRocca. His orchestra had only five pieces, but they were the hottest five pieces that had ever been known before. LaRocca named this band, "The Old Dixieland Jazz Band." He had an instrumentation different from anything before—an instrumentation that made the old songs sound new. Besides himself at the cornet, LaRocca had Larry Shields, clarinet, Eddie Edwards, trombone, Regas, piano, and Sbarbaro, drums. They all came to be famous players and the Dixieland Band has gone down now in musical history. Some of the great records they made, which carried the new jazz music all over the world in those days were: *Tiger Rag,* *Lazy River, Clarinet Marmalade, Ostrich Walk, Sensation, Livery Stable Blues* and *Toddlin' Blues.* LaRocca retired a few years ago to his home in New Orleans but his fame as one of the great pioneers of syncopated music will last a long, long time, as long, I think, as American music lives.

But at the time I am now writing of, 1913, when I was still a boy in the Waif's Home just learning to toot, the Dixieland Band was getting to be known about far beyond New Orleans, and it was only three years later, in 1916, that LaRocca opened up at Reisenweber's restaurant in New York. That was before the United States went into the War, of course, and people in the East were dancing to the kind of sweet and soft ballroom music that Meyer Davis and other famous northern ballroom conductors of that time had perfected. That was

Ausschnitt aus Louis Armstrongs Biographie >Swing That Music< (1936), S. 10

es hernach einmal in gewissem Sinne echter als sein zweites Buch von 1953, in dem er nun etliche Fakten und Ereignisse der Jazzgeschichte um gut ein Jahrzehnt vordatierte, vor allem was die Gründung der Jazzbands von Kid Ory und King Oliver betraf.

Ähnlich stand es mit anderen farbigen Musikern, die einst mit Dank auf die ORIGINAL DIXIELAND JAZZ BAND zurückblickten, dann aber ihre frühen wahrheitsgemäßen Eindrücke aus naheliegenden Gründen revidierten. Noch im Jahre 1933 erklärte kein Geringerer als Duke Ellington, daß ihn das Vorbild der ODJB zum Jazz gebracht habe. Natürlich besagt Ellingtons Bemerkung nicht, daß die ODJB den Jazz kreiert hat; sie macht aber deutlich, daß Ellington keine farbigen Bands als Vorbild hatte, obwohl er Farbiger ist. Das war symptomatisch für den recht schwachen Jazz der Farbigen vor 1923, deren viel zu schwerfällige Aufnahmen einen Mann wie Ellington schwerlich begeistern oder anregen konnten.

Es gab eine Unmenge von Danksagungen und Lobpreisungen an die ODJB und an ihren Leiter Nick LaRocca, und aus vielen Dokumenten geht hervor, daß es eben die ODJB und keine andere Band war, welche am Anfang der Jazzmusik stand – und dies nicht nur, weil sie die ersten Jazzschallplatten aufgenommen hat.[5]

*

Untersuchen wir nun typische Beispiele, die zur Legendenbildung des „Neger-Jazz" beitrugen und in dieser Hinsicht teilweise zur Grundlage späterer Gläubigkeit wurden. Die Legenden hatten eine derart erstaunliche Intensität, daß sie innerhalb eines Jahrzehnts einfache Tatsachen auf den Kopf zu stellen und eine mächtige Fiktion aufzubauen vermochten.

Ein charakteristisches Beispiel lieferte bereits in den 30er Jahren Marshall Stearns, ein allgemein geachteter New Yorker Jazzkritiker, als er 1939 einen alten Zeitungsartikel vom 4. November 1917 aus der *Sun* über *Jazz, Ragtime by-product revives a lost art of rhythm* von F. T. Veeland ausschlachtete, und seinen Beitrag *Dolly Sisters pre-dated Dixieland Jazz* betitelte. Gutgläubig wiederholte er darin die Behauptung des 1917er Artikels, die DOLLY SISTERS, Jancsi und Roszike, hätten den „Jazz" 1913 direkt aus Kuba mitgebracht und dort nach der Musik von Negern getanzt. Dabei gab es real nur farbige Kapellen auf Kuba, die Musik spanischer Herkunft spielten! Die DOLLY SISTERS, die übrigens nicht fähig waren, diese Musik, die sie als „Jazz" bezeichneten, vor einem Gremium von Komponisten zu erklären, waren für damalige Zeiten moderne Tänzerinnen, die bald ihr Glück in Europa suchten und sich schließlich dort verheirateten. Stearns, der wahrscheinlich annahm, die DOLLY SISTERS wären Farbige gewesen – was sie aber eben nicht waren –, nutzte u. a. diesen Bericht von

Dolly Sisters

1917 zur Unterstützung seiner geliebten „Jazz kommt vom Neger"-These, die dann unzählige Male kolportiert wurde und sogar immer noch wird. Er schrieb: „... schon damals führten die Spuren zurück zu den Afrikanern, Indianern und Spaniern." Aber selbst der Artikel von 1917 konnte nur ein Foto der ORIGINAL DIXIELAND JAZZ BAND vorweisen.

Wie das Beispiel Stearns veranschaulicht, reicht die Legendenbildung des sogenannten *Afro-american Jazz* weit zurück, wobei die Bezeichnung *Afro* ... eigentlich eine Beleidigung des amerikanischen Farbigen ist, der sich schon seit Generationen nicht mehr als Afrikaner fühlt, trotz aller *Roots* seiner Rasse. – Schon in den Jahren von 1917 bis 1919 wurde die neuartige Jazzmusik von konservativen Musikern, Moralisten, Frauen- und Sittenvereinen, aber auch von spitzzüngigen Intellektuellen als „Lärm des Teufels" tituliert, die ja nur von „Wilden", ergo Schwarzen, abstammen könne – dabei außer acht lassend, daß die Substanz dieser Musik europäisch ist.

Es gab viele Musikinteressierte, die viel zur frühen Legendenbildung des *Neger-Jazz* beitrugen. Mitunter geschah dies unverhohlen in bewußt diskriminierender Absicht, vor allem bei uns in Deutschland, wo das Rassenproblem je

23

nach Zeitgeist immer stark negativ oder positiv behandelt wird und man stets geneigt ist, das Kind mit dem Bade auszuschütten.

Eine Reihe von internationalen Beispielen möge die Legendenbildung im folgenden verdeutlichen:

Walter Kingsley schrieb 1918, nachdem er den weißen Tanzmusik-Drummer Bert Kelly interviewt hatte: „Jazz ist sehr interessant. Er kam aus dem afrikanischen Dschungel über die Sklavenschiffe und Plantagen."[6] Als Beispiele führte er jedoch – mit Ausnahme des Kreolen Achille Baquet, der gleichwohl in einer weißen Band mitspielte – nur weiße Musiker an: Ray Lopez, Blossom Seeley, Tom Brown, Yellow Nunez, Gus Mueller, Larry Shields, Wheeler Wadsworth, die Frisco Four und die ODJB. – 1921 führte F. W. Koebner aus: „Bei uns fand der Jazz erst im Dezember 1920 Eingang [er meinte die Jazzband von Eric Borchard]. [Bereits] Ende 1919 kamen gleich drei Jazzbands nach Berlin [wahrscheinlich die Original Excentric Band, die Piccadilly Four und die Diamond King's Jazz Band – sämtlich weiße Ragtime-Orchester]. Im schönen Sommer 1913 war im Luna-Park von Paris vor dem Zelt Negermusik. Drinnen war ein Negerstamm mit seinen Sitten und Gebräuchen. Draußen saß ein Mann mit einer Trommel aus Holz und trommelte monoton[!] und ohne aufzuhören. Und dann kam noch ein Neger und trommelte auch. Und dann kam ein dritter und blies auf einer Flöte. Und dann kam noch einer und blies auf einer anderen Flöte. Und dann gingen die beiden Flötenbläser weg, ins Zelt. Und manchmal kamen sie nach einiger Zeit wieder. Und nur die Trommel war immer da: monoton und ohne aufzuhören. –Aus dieser Musik sind die Jazz-Bands entstanden. Aus einer Kreuzung zwischen europäischer Tanz- und amerikanischer Neger- und Nigger-Musik."[7] Den Unterschied zwischen Neger und „Nigger" erläuterte Koebner nicht.

Heinz Pollack erklärte 1922: „Man hat Yass-band Kapellen [sic] aus den berühmten Nigger-Minstrels herzuleiten versucht, obgleich dies eine geschichtliche Fälschung ist ... Mit Tanz also hatten die Nigger-Minstrels, die in zahlreichen Vereinigungen die Staaten durchwanderten, auch nicht das geringste zu tun." Eine gute Erkenntnis, aber Pollack glaubte auch, daß „mit amerikanischer Zivilisation übertünchte Negerkapellen, die in New Yorks Luxus-Restaurants ihr Wesen treiben", den Jazz begründet haben, denn: „Nur aus diesem Niveau kamen die Yazz-Bands."[8]

Darius Milhaud, der bekannte französische Komponist, war sich in seinem Urteil über den Ursprung des Jazz nicht ganz sicher, wie sein Artikel *Die Entwicklung der Jazzbands und die Musik der Neger Nord-Amerikas* von 1924 deutlich macht: „Wahrscheinlich ist der Ursprung dieser Musik bei den Negern zu suchen. Das primitive afrikanische Wesen ist tief verankert geblieben im Naturell der Schwarzen der Vereinigten Staaten ... Die ersten veröffentlichten Negermusikstücke waren die Neger-Spirituals, religiöse Sklavengesänge, sehr alte volkstümliche Weisen."[9] Man vergleiche diese Sätze mit der durchaus richtigen Erkenntnis von Heinz Pollack am Anfang des Zitats. Milhaud unterlag dem Irrtum, daß die gesungene Musik der Farbigen im 19. Jahrhundert ein Vorläufer der Jazzmusik sei. Er stand damals unter dem Eindruck der farbigen Band der MITCHELL'S JAZZ KINGS, die Anfang der 20er Jahre in Paris gastierten, obwohl diese Band keinen Jazz, sondern lediglich Ragtime spielen konnte, was ihre damaligen Schallplattenaufnahmen klar beweisen. Aber allein die exotische Erscheinung der Band machte sie für Milhaud u. a. automatisch zur Jazzband und somit – wie fälschlicherweise von etlichen Jazzschriftstellern behauptet wird – zu Pionieren, die den Jazz nach Europa gebracht hätten (s. auch Kap. III).

Einen ähnlichen Eindruck erhielt Milhauds Schweizer Kollege Ernest Ansermet von Will Marion Cooks SOUTHERN SYNCOPATORS, einer Ragtime-Band, in welcher der junge Sidney Bechet sein unüberhörbares, gekonntes Saxophon spielte, das Ansermet so begeisterte und ihn zu einem vielzitierten Lobartikel hinriß, der am 15. Oktober 1919 in der *Revue Romande* abgedruckt wurde. Daß Sidney Bechet in dem über dreißig Mann großen Ragtime- und Schauorchester Ernest Ansermet so prägnant auffiel, beweist allerdings nur die Genialität eines einzelnen Musikers, der es später im Jazz zu einem der größten Solisten bringen sollte.

Jaap Kool schrieb in seinem Artikel *Vom Negerdorf zur Philharmonie* 1924: Wenn wir der Fabel [sic] glauben dürfen, stammt der Ausdruck *Jazz* von einer Kapelle aus einer Hafenkneipe in Philadelphia her, die sich einen Neger namens Jack Washington für das Schlagzeug engagiert hatte ... Wenn nun die Stelle kam, in dem Jack sein Schlagzeugsolo hatte, schrien alle Matrosen voller Begeisterung *Jack Jack*, woraus sich der Spitzname *Jazz* für ihn herausbildete ... Wir sehen unseren Jack, wie er die Tanzrassel schwingt, während die Frauen [sic] das Orchester bedienen, das lediglich aus Schlagzeug, Trommel, Bambusröhren, Holzstäbchen usw. besteht. – Wir erinnern uns jetzt auch, welche enorme Rolle der Rhythmus bei primitiven Völkern spielt."[10] Nach dieser Logik konnte ja der Jazz nur von den Schwarzen stammen.

Alfred Baresel schilderte 1925 in seinem *Jazz-Buch*: „Der Jazz-Rhythmus, übernommen von wilden Völkerstämmen [sic], ist elementar und raffiniert zugleich und entspricht aufs Haar unserer modernen *Seelenhaltung* ... Louis Gruenberg, New York, erklärt das Wort *Jazz* als Zusammenziehung des Satzes ‚Jazz (hetzt) sie auf, Burschen!', den man in Tanzlokalen von Negerstädten hört." Was Baresel mit „Negerstädten" meint, verrät er nicht, auch nicht, wie er zu der Vermutung der „wilden Völkerstämme" kommt, obwohl der Jazz damals noch gewissermaßen taufrisch und wissenschaftlich problemlos zurückverfolgbar war.

Paul Bernhard, ein Kollege von Baresel, recherchierte ebenfalls nicht sorgfältig, sondern schloß sich einfach der allgemein vorherrschenden Meinung an: „Die Jazzband ist das orgiastische Tanzorchester, wie es in Europa noch niemals bestanden hat. Es ist der instrumentale und rhythmische Ausdruck für den die Urinstinkte nackt offenbarenden primitiven Bewegungstrieb. Ursprünglich entstanden bei den Negern Amerikas, übernommen von der breiten Masse des Volkes, hat sich die Jazzband, wie sie sich heute präsentiert ... entwickelt."[11]

Hermann Schreiber schrieb in seinem Artikel *Die Wandlung des Gesellschaftstanzes und seiner Musik* 1925: „Von der Klopftrommel der Urneger bis zum Spiel von Etté, einem Schachmeister, Marek Weber oder Eric Borchard ist es ein weiter Weg."[12] Quod erat demonstrandum. Zugleich wurde ein Foto aus dem Jahre 1880 veröffentlicht, das ein Farbigen-Trio aus Kuba im Smoking zeigt – Violine, Cello und (wahrscheinlich) Klavier, eine typische Kammermusikbesetzung – mit der Unterschrift: „Eine Jazzband von 1880". Also schon damals, Mitte der 20er Jahre, galt jedes farbige Orchester automatisch als *Jazzband*, so vor allem sämtliche Schwarzen-Orchester, von denen Fotos aus den Jahren von etwa 1890 bis 1917 existieren.

Eduard Duisberg schilderte in seinem Artikel *Jazz-Band* 1928: „Es war im Jahr 1915 in Chicago. In einer Bar erregte ein Nigger [sic] vom Swampriver [gemeint ist wohl Swanee River] plötzlich die Aufmerksamkeit des sonst so eiligen Yankees ... der besessene junge Mann hieß Jasbo Brown ... Das war die Geburt des – Jazz!"[13] Aus „Jazzbo" wurde „Jazz" – eine Story, die lange als Fakt durch die Jazzliteratur der 40er und 50er Jahre geisterte und in etwa der Legende von Buddy Bolden entsprach.

Cliff Bell notierte in seinem Artikel *Genug Jazz!* 1929: „Die Jazzbewegung ist der Kamm einer Welle – die große Bewegung, die gegen das Ende des 19. Jahrhunderts als Gegenschwung wider die Betonung des Stofflichen und gelehrtes Heidentum einsetzte ... Die Bewegung platzte in die Welt hinein ums Jahr 1911. Sie wurde ausgelöst von einer Negerband und einer Truppe Neger, die auch tanzten."[14] Auch hier fehlen exakte Angaben, um welche „Truppe" es sich handeln soll, möglicherweise um die gleichen „Völkerschau-Neger", die einst die Aufmerksamkeit von F. W. Koebner erregten.

In der Lindström-Hauszeitschrift *Der Ton* vom November 1930, Berlin, stand in einem anonymen Artikel mit dem Titel *Woher kommt das Saxophon*: „Es gibt sicher Tausende und Abertausende von Leuten, die aus dem Glauben leben, das Saxophon käme irgendwie aus dem dunklen Erdteil, aus dem der Jazz-rhythmus seinen Weg zu uns gefunden hat, aus den afrikanischen Urwäldern ebenso, wie der Banjo [sic] seinen Weg aus der Südsee und Amerika und dann auch Europa kam.", Ja, Glauben versetzt Berge, dennoch waren alle Instrumente der ersten Jazzbands europäischer Herkunft, mit Ausnahme des Banjos, das aber in den ganz frühen Jazzbands so gut wie gar nicht verwendet wurde.

Georg Cornelius übertrifft alle bisher genannten Autoren jedoch mit seinem Artikel *Jazz und Jazzband schon seit 1847 in London bekannt* (1931): „Man hatte bisher geglaubt, daß der Jazz eine moderne *Erfindung* unserer Zeit sei ... Bereits 1847 tauchte in London eine Negerkapelle auf, die fünf Köpfe stark war und sich die *Ethiopian Serenaders* nannten ... ausgerüstet mit Banjo, Tamburin, Ziehharmonika und Kastagnetten. Es ist sehr wahrscheinlich, daß schon in frühen Zeiten die Elemente der Negermusik mit den europäischen rhythmischen [sic], klangfarbigen Tonschwingungen untermischt waren, aus denen sich später der eigentliche Jazz entwickelte. So gehören auch zur internationalen Vetternschaft des Jazz der Bamboula und der indische Kriegstanz, der irische Jig, der Kosackentanz, der spanische Fandango, die Maxixe Brasiliens, der Wirbeltanz der Derwische, der Hula-Hula der Südsee, der Bauchtanz des Orients, die französische Carmagnole und der Zigeunertanz, weil sie alle Verwandtschaft im Rhythmus aufweisen."[15] Da sind nun alle möglichen Vorfahren des Jazz genannt, aber irgendwie ist ja alle Musik verwandt – und sei es nur durch Tonfragmente. Eine typisch nebulöse Auslegung von Cornelius, wie man sie später in etlichen Jazzabhandlungen findet.

Nimmt es nicht wunder, daß recht frühzeitig die Legende von „Neger-Jazz" entstand und in ähnlicher Weise in aller Welt kolportiert wurde und somit auch Einzug in seriöse Lexika (mangels fundierter Unterlagen) fand, wo es heißt: „Jazz, neue Musikgattung, um 1900 im Süden der USA entstanden aus der Begegnung afrikanisch-amerikanischer Negermusik (Spirituals, Blues, Rhythmik, Phrasierung und Tonbildung) und europäischer Musik (Melodik, Harmonik und Instrumentarium)."[16] Hierin gleichen sich fast alle modernen Lexika, ein Beispiel mag daher genügen. Aber Heinz Pollack hatte bereits 1922 richtig erkannt, daß die gesungene Musik der Schwarzen mit dem Jazz nichts zu tun hatte und die Rhythmik der Marschmusik von den Weißen kam; ihm war klar, daß die Schwarzen eine andere Tonbildung hatten und teilweise auch anders phrasierten, wie es erst in den 20er Jahren erkennbar war. Hinzu kam noch der in unserer Epoche modische *sozialkritische Aspekt*, der den Jazz zu einer Art von Protestmusik der Schwarzen hochstilisierte und dem eigentlichen Jazz, dieser liebenswerten und mitreißenden Tanzmusik, seine Unschuld nahm. Intellektuelle und solche, die sich dafür hielten, wüteten in wilden Theorien und ergingen sich in sozialkritischen Übertreibungen. Statt zur Klarheit trugen sie zur Verwirrung bei, denn vor lauter Theorie hörten sie sich offenbar die Musik zu wenig an, zumindest nicht die von vor 1925 (ein Vorwurf, den übrigens mit Recht auch Nick LaRocca ins Feld führte). Nach 1945 wurde obendrein aus der Tanzmusik Jazz eine Art *Kunstmusik* gemacht, aber da war das eigentliche Jazz-Zeitalter längst vorbei.

Die ersten ernstzunehmenden Jazzbücher wurden von Europäern geschrieben: von Robert Goffin (*Aux frontière du jazz*, Paris/Brüssel: Sagittaire 1932) und von Hughes Panassié (*Le Jazz Hot*, Paris: Correa 1934); ebenfalls die ersten Discographien: von Hilton Schleman („Rhythm on Record", in: *Melody Maker*, London 1936) und von Charles Delauney (*Hot Discographie*, Paris: Jazz Hot 1936). Das erste bedeutende Jazzbuch in den USA war von Charles Edward Smith (*Jazzmen*, Harcourt, Brace & Co. 1939), das nur den farbigen Jazz als „echten Jazz" anerkannte, die Legende von Buddy Bolden prolongierte und die allgemeine Meinungsbildung der Jazzfans in aller Welt ungeheuer beeinflußte. Unter dem Eindruck der überragenden farbigen Musiker der späten 20er und 30er Jahre und ihrer inzwischen erreichten Prädominanz, die niemand in Zweifel zieht, änderten Panassié und Goffin ihre anfänglich liberale Meinung weißen Jazzmusikern gegenüber und unterstützten voll die Legende von der Wiege des Jazz in New Orleans, wobei es dann für den etwas fanatischen Panassié nur noch Schwarze und Franzosen als Musiker von Bedeutung im Jazz gab. Diese Werke bildeten wiederum die Grundlagen für die Jazzbücher von Sidney Finkelstein (*Jazz: A People's Music*, New York: Citadel 1948), von Barry Ulanov (*A History of Jazz*, New York: Viking 1950), Rudi Blesh (*Shining Trumpets*, London: Cassell 1949) und Marshall Stearns (*The Story of Jazz*, New York/London: Oxford University Press 1956) sowie etliche Schriften von Leonard Feather aus den 50er Jahren, um nur die wichtigsten zu nennen.

Vor allem Ulanov, Finkelstein, Stearns und Feather waren wiederum das Vorbild für einige deutsche Jazzschriftsteller, die sich allzu eng *anlehnten* und, was den Jazz vor 1945 anbelangt, keinerlei eigene Erkenntnisse hinzufügten und generell den Vorbildern folgten, indem sie den Jazz erst ab etwa 1925/26 beurteilten und damit die bereits farbige Prädominanz an hervorragenden Solisten – dann aber den Fehler begingen, diesen Stand der Jazzmusik um ein Jahrzehnt und mehr zurückzudatieren und damit zu falschen Schlüssen kamen. So war für sie die Musik der ORIGINAL DIXIELAND JAZZBAND nur eine Kopie der Musik von Kid Ory, Freddie Keppard und King Oliver, also der weiße Jazz eben nur eine Nachahmung des schwarzen Jazz – so einfach war das. Was soll man zu solch einer Art von Musik-Geschichtsschreibung sagen? Obendrein sahen sie den seit 1940 entstandenen „Revival-Jazz" als „authentischen New Orleans" aus der Zeit von 1900 bis 1916 an und saßen damit einer musikalischen Geschichtsfälschung bzw. einem Anachronismus auf. Da für einige bedeutende deutsche Jazzautoren der Jazz erst „ausgereift" ab Charlie Parker interessant war und sie die historische Entwicklung gewissermaßen als beinahe lästige Pflichtübung absolvierten – schon gar nicht die von vor 1925 –, verarbeitete man anscheinend gewisse Standardfloskeln der europäischen und amerikanischen Vorbilder, ohne sich die Musik einmal richtig anzuhören. Bezeichnend dafür war das Ignorieren vieler bedeutender Solisten und Bands, die in den erwähnten Vorbildern schon nicht genannt worden waren, obwohl es sie in Massen gab, ferner die übliche Herabwürdigung bedeutender Musiker und Orchester weißer Hautfarbe, wie etwa Red Nichols und des Casa Loma Orchestra, durch sattsam bekannte Vorurteile. Allerdings waren diese Vorurteile in der allgemeinen Jazzliteratur aller Länder ziemlich gleichlautend, denn einer kopierte vom anderen. Jazzfachleute, die es anders wußten, fanden entweder kein Gehör oder Glauben oder hatten keine „Traute", wie der Berliner zu sagen pflegt, um auf die vielen Fehler und Mißdeutungen hinzuweisen. Hinzu kam, daß einige seriöse Musikwissenschaftler und Ethnologen kluge Bücher schrieben, die sich eingehend mit den Musikern anderer Völker befaßten, und versuchten, aus jenen Musikarten – vor allem afrikanischer Völker – eine Brücke zum Jazz zu schlagen, u.a. mit Begriffen wie „Blue Notes", „Polyrhythmik", „Dirty Tones", „Off-beat", „Off-pitchness" usw., die man in den 20er Jahren durchaus im farbigen Jazz analysieren kann, die aber die Musiker selbst wenig tangierten, da sie von Musik-Theorie kaum etwas wußten.

Aber auch der eigentliche Beginn des Jazz wurde so von den Musikwissenschaftlern als rein schwarze Angelegenheit angesehen: Ihnen zufolge reiche die Nachahmung des Jazzstils durch weiße Musiker weit zurück in die Zeit, in welcher sich der von ihnen apostrophierte sogenannte *klassische Jazzstil* in New Orleans gebildet haben soll. So lautete die Behauptung, zu der nach wie vor der Beweis fehlt. Wenn es im New Orleans vor 1917 von *Jazz Bands* nur so gewimmelt hatte, warum fand der Talentscout der Columbia-Werke, Ralph Peer, trotz verzweifelter Suche keine solche – und dies noch nicht einmal zu so später Zeit wie 1917?

Ende 1988 präsentierte eine vierteilige Fernsehserie, die unter dem Titel *Ein Jahrhundert Jazz* die fiktive Geschichte des Jazz bis in die Gegenwart mit den üblichen Klischees schilderte, den längst überholten Kenntnisstand der 40er Jahre – mit einigen für Laien recht verwirrenden Interviews mit älteren Jazzmusikern und Experten der zweiten und dritten Generation (nach 1925 und nach 1939) nebst den üblichen Ungereimtheiten über den eigentlichen

Das älteste Foto der ODJB vom März 1916, in Chicago aufgenommen (leider recht verblasst). Die Musiker tragen Staubmäntel, um zunächst einheitlich gekleidet zu sein, bevor sie sich schicke Anzüge leisten konnten.

Beginn des Jazz bzw. der realen instrumentalen Jazzmusik, wobei sich die Erwähnung der ORIGINAL DIXIELAND JAZZ BAND in Wort und Bild nicht ganz vermeiden ließ. Da die Sendereihe französischen Ursprungs war, wurde natürlich ein Großteil der frühen Jazzmelodien auf französische Quadrillen zurückgeführt, z. B. wiederum der „Tiger Rag" – frei nach der Fabel von Jelly-Roll Morton, die wieder dankbar akzeptiert wurde. Von ähnlichem Kaliber war zuvor eine weitere Fernsehreihe im Jahre 1977 über die Geschichte der Pop-Musik: *All You Need Is Love*[17], in welcher neben den üblichen Klischees die ODJB ein wenig mehr gewürdigt wurde.

Aber auch eine große Jazzausstellung in Darmstadt, ebenfalls im Jahre 1988, schilderte immer noch ohne jegliche Bedenken die Herkunft des Jazz als „schwarze Errungenschaft" mit den üblichen „Roots" bis ins tiefste Afrika vor rund 400 Jahren. Automatisch wurden alle musikalischen Äußerungen der Schwarzen als „Vorformen des Jazz" deklariert, also frühe Lieder von Schwarzen und weißem Melodiengut entlehnte Choräle bzw. Spirituals usw., ohne auf die Bemühungen der Farbigen zwischen 1880 und 1900 einzugehen, als sie die weiße Instrumentalmusik zu kopieren begannen und erst zwischen 1917 und 1923 zum (schon bestehenden) weißen Jazz stießen. Symptomatisch für das Vorurteil einiger Jazzexperten ist das folgende Zitat im Darmstädter Ausstellungskatalog *That's Jazz*: „Eine Art öffentlichen Durchbruch bedeutete der Sensationserfolg der (weißen) ORIGINAL DIXIELAND JAZZ BAND aus New Orleans (1917), die ihre musikalischen Mängel [sic] durch besondere Extrovertiertheit ihrer Auftritte wettzumachen verstand."[18] Solcher Kommentar ist eklatanter Beweis, daß der Autor – ein Modernist – weder Musikhistoriker ist noch die Musik jener Zeit richtig zu kennen scheint, ferner die ganz anders gearteten Aussagen zeitgenössischer Musiker beider Hautfarben (Louis Armstrong, Lil Armstrong, Bix Beiderbecke, Jimmy Durante, Al Jolson, Vincent Lopez, Phil Napoleon usw.) nicht zur Kenntnis genommen hat. Die alten Platten der ODJB mit ihren „musikalischen Mängeln" dürfte er sich gleichfalls kaum angehört haben, „Mängeln", die eher auf alten Aufnahmen farbiger Ragtime-Kapellen zu hören sind, so beispielsweise auf Jim Europes Komposition „Too Much Mustard" oder auf Wilbur Sweatmans „Down Home Rag", die in überzogenem Tempo gespielt wurden, begleitet von einem permanenten Hintergrundgebrüll einzelner Bandmitglieder. Hier war die speziell von Farbigen kultivierte *Showmanship*, die so viele weiße Jazzfans zu beeindrucken schien und immer dann durchaus nicht als „extrovertiert" kritisiert wurde, solange es sich um farbige Musiker handelte. Es waren ja gerade das exotische Flair, die effektvollen Showdarbietungen und die Clownerien – noch aus der Minstrelzeit stammend –, die so viele Jazzfans in ihrer Meinung beeinflußten, auch deshalb den schwarzen Jazz als echt oder original anzusehen. Bei den Farbigen störte sie die „Extrovertiertheit" in keiner Weise.

Immer wieder wurden und werden die alten verqueren Phrasen zitiert. Selbst in einem Jazz-Lexikon neueren Datums werden immer noch die unrichtigen allgemeinen *Erkenntnisse* wiederholt und die hinlänglich bekannten Standardfiguren des Jazz genannt.[19] Die Geschichte der ODJB und Nick LaRoccas ist darin – trotz zitierter Fachliteratur – wie eh und je falsch geschildert, mit „Tom Brown's Dixieland Band als Vorläufer der ODJB" bis hin zum Auftreten derselben im „Reisenberg's" (gemeint ist Reisenweber-Restaurant in New York) usw. Hinzu kommt anhand einiger dubioser Erzählungen farbiger Musiker der *schlagende Beweis*, daß die ODJB die schwarzen Bands kopiert habe. Darunter ausgerechnet Louis Armstrong, für den die ODJB stets Anfang und Vorbild war – zumindest bis zu seiner ihm in den Mund gelegten „anderen Meinung" (Buddy Bolden) in den 50er Jahren, um die Gemüter der erstarkenden Antidiskriminierungsbewegung der Schwarzen zu beruhigen. Privat sagte er immer noch seine wirkliche Meinung[20], wie er sie schon in den 30er Jahren schriftlich in seinem Buch *Swing That Music* niedergelegt hatte.

Auch der führende bzw. bekannteste deutsche Jazzpublizist, Joachim Ernst Berendt, hatte ein gestörtes Verhältnis zur ODJB und Nick LaRocca. Es sei hier nur ein nie revidiertes Zitat in mehreren Auflagen seines *Jazzbuch* (zuletzt 1989) erwähnt: „Zur ersten Generation der weißen Trompeter gehörte der aus New Orleans stammende Nick LaRocca, der Gründer der ORIGINAL DIXIELAND JAZZ BAND. Sein Kornett hatte noch ganz den Klang des Zirkus-Musikers [sic] jener Zeit – in paradoxem Widerspruch zu LaRocca's hektisch erhobenen Anspruch, er und seine ORIGINAL DIXIELAND JAZZ BAND seien das erste Jazzorchester gewesen ..." Diese *Beurteilung* sei nur damit *entschuldigt*, daß der Verfasser sich anscheinend ODJB-Aufnahmen nie angehört hat, wenngleich er aus unumgänglichen historischen Gründen den Namen LaRoccas wenigstens einmal(!) in seinem Jazzbuch erwähnt. In den 50er Jahren hatte Berendt die Chance, Nick LaRocca zu interviewen und dessen Material zu sichten. Mangels seiner Kenntnisse über frühe Jazzbands ließ Berendt jedoch das Treffen platzen, sandte statt dessen einen Fotografen und rief LaRocca nur an. Die im Gespräch geäußerte Feststellung von LaRocca, „daß der Neger anfänglich im Jazz nicht von Bedeutung war", wurde in Berendts Veröffentlichungen[21] zugleich mit der Behauptung verbunden, „LaRocca will den Jazz erfunden haben", so daß das Wort „Erfindung", das LaRocca nie gebrauchte, einen lächerlichen Effekt bekam und dankbar von Berendt-Epigonen verwendet wurde. Der Autor des *Jazzbuch* und *Jazzlife* mag mit Leib und Seele ein Protagonist und Fachmann für den *Jazz* nach 1945 sein, aber seine Darstellungen und Beurteilungen des Jazz von seinen Anfängen bis etwa 1945 sind allzu bekannte Schablonen, die der Vielfalt der historischen Bands und Musiker der ersten beiden Jazz-Jahrzehnte nicht gerecht werden. Er fixierte sich lediglich auf ein paar übliche Standard-Heroen, wie sie bereits in der entsprechenden (ausländischen) Primärliteratur des Jazz einst verherrlicht wurden, von der dann weit verbreiteten Sekundärliteratur ganz abgesehen. Die letzte Rettung war stets die Behauptung von der sogenannten *anderen Tonbildung der Farbigen*, wenn man an Fakten nicht vorbeisehen konnte. Die ODJB, deren Erstanspruch LaRocca – allerdings reichlich spät – seit den 30er und nochmals in den 50er Jahren vehement vertrat, brachte manchen Publizisten zwar in Verlegenheit – ihre Bücher revidierten sie aber nicht. Nicht auszudenken, wenn die ODJB schwarz gewesen wäre! Mit Sicherheit wäre sie heute das Nonplusultra der

Jazzmusik, und viele Jazzpublizisten hätten sich vor Begeisterung überschlagen und tiefschürfende Analysen bewerkstelligt.

Wie groß die Vorurteile und der Glauben an den *farbigen Jazzurspung* waren, selbst unter einigen britischen Jazzfachleuten, bewies eine Bemerkung im Vorwort der englischen „Fabulous Fives"-Ausgabe (1978), wo sich fünf Mitarbeiter des Buches von der *Ansicht* des Autors in seiner Einführung distanzierten. Einen Gegenbeweis konnten sie jedoch nicht erbringen.

Aber nach wie vor fußen die Erzählungen über die Anfänge der Jazzmusik auf rein theoretischen Erwägungen und Wunschvorstellungen und entsprechen – von Ausnahmen abgesehen – immer noch dem generellen „Hot-Club-Denken" der 40er Jahre, einem Denken, das auf den modifizierten Jazz der Jahre nach 1923 bis 1925 aufbaut, als sich der *schwarze Jazz* rapide und dominant entwickelte und große Musiker hervorbrachte, so daß der fälschliche Eindruck vom Jazz als einer Schöpfung der Schwarzen entstehen mußte. Daher sollte man den frühen Jazzfans ihre Einstellung damals nicht verübeln, auch wenn viele von ihnen später etwas hätten dazulernen können.

Hinzu kommt die maßlose Überschätzung einer Musik, die nichts weiter als unterhalten will, Freude und Spaß vermitteln sollte und auch zum Tanzen anregen kann, also weit entfernt ist von der Imagination einer *ernsthaften Musik*, wie sie in den Köpfen einiger fanatischer Jazzliebhaber herumspukt, die *ihre* Jazzmusik viel zu wichtig nehmen. Eben das taten die großen Jazzmusiker nie. Anders die Epigonen seit den 40er Jahren mit ihrem *100prozentigen Jazz* der Konzertsäle und Festivals.

Was die Bedeutung von Nick LaRocca und seiner ODJB anbelangt, so gab es immerhin bereits Anzeichen des Umdenkens. So hieß es noch in den 50er Jahren sinngemäß ziemlich gleichlautend in vielen Jazzbüchern hinsichtlich der Zeit zwischen 1900 und 1910, daß in jenen Jahren neben dem Ragtime der *New Orleans Jazz-Stil* entstanden und allein von Negern gespielt worden sei, daß die Weißen davon so begeistert gewesen seien, daß sie diese Musik, d. h. diesen *Jazz auch* zu spielen versucht hätten und sich daraus der Dixieland entwickelt habe. Rund dreißig Jahre später hieß es dann schon differenzierter, daß sich der New-Orleans-Stil aus verschiedenen rassischen und musikalischen Gruppen gebildet hätte und das Jazzmusizieren im New Orleans jener Zeit nicht ausschließliche Musik der Farbigen gewesen sei, sondern es *am Anfang* auch schon weiße Bands gegeben zu haben *scheine*. Der amerikanische Jazzautor Leonard Feather, der in frühen Ausgaben seiner Bücher diese mit dem „Jazz vom Congo Square bis zum Be-Bop" anpries, revidierte die Werbung zwanzig Jahre später als „Jazz von der ORIGINAL DIXIELAND JAZZ BAND bis zum

Free Jazz". Es gab also Fortschritte, und man versuchte ernsthaft, den Nebel, der sich um den Beginn der Jazzmusik herangebildet hatte, zu beseitigen.

Soweit die Bemerkungen zur Entstehung der Legende des „Neger-Jazz", den die Nazis in den 30er Jahren noch zum „Neger (bzw. Nigger)- und Juden-Jazz" erweiterten – die logische Folge einer allgemeinen Anschauung einer Musik, die offenbar über das intellektuelle Verständnis einiger Leute hinausging.

*

Zurück zur eigentlichen Geschichte des Jazz: Für den kritischen Jazzfreund war es stets rätselhaft, warum der legendenumwobene, sagenhafte New-Orleans-Jazz nicht schon um 1900 oder 1910 herum in New Orleans selbst entdeckt wurde, da doch gerade diese Stadt nicht nur voller einheimischer Talente und Musikfachleute war, sondern auch einen ständigen Besucher- und Touristenstrom aufnahm. Sollte unter all den gewiß musikinteressierten Leuten niemand gewesen sein, dem diese neuartige Musik – die später als „Jazz" bezeichnet wurde – auffiel?

Eindeutig ist hingegen, daß diese Musik, die man tatsächlich damals in New Orleans spielte, nie die Welt erobert hätte und eine lokale Angelegenheit geblieben wäre, wenn nicht die Musiker der ODJB zufällig aus jener Stadt gekommen wären und damit auf New Orleans aufmerksam gemacht hätten (der Geburtsort des Jazz war dann allerdings, auch eher zufällig, Chicago). Denn im damaligen New Orleans wimmelte es von talentierten Interpreten, und man war in dieser Hinsicht vermutlich allen anderen Städten in den USA – mit Ausnahme von New York – überlegen. Auch das südliche Temperament der New Orleanser und das Fluidum dieser Stadt hatten eine besondere Ausstrahlung. Aber die Musik als solche war eben nichts Außergewöhnliches, ganz gleich, ob sie von farbigen oder weißen Künstlern aus zahllosen ethnischen Gruppen aller Nationen vorgetragen wurde.

Nick LaRocca selbst schildert das New Orleans von damals mit folgenden Worten: „In diesen frühen Tagen spielten die farbigen Kapellen ein Konglomerat an Lärm und hatten meistens noch damit zu tun, die Instrumente der Weißen zu beherrschen. Die einzigen Bands, welche in der Lage waren, wie weiße Kapellen zu spielen und eine passable Musik zu offerieren, waren die Bands von Piron und Robechaux, und die spielten nur nach Noten! Die frühen Negerorchester waren mit Violinen, Banjos und Cellos überladen, wenn es nicht gerade reine Brass-[Blech-]Marschbands waren; sie spielten alles andere als Jazz, und vom afrikanischen Rhythmus wußten sie erst recht nichts. Alles, was sie konnten, war eine Kopie der weißen Musik."[22] Natürlich meinte LaRocca, daß die „US-Neger" kaum noch etwas vom afrikanischen Rhythmus

34

wußten, natürlich wußte auch er nichts davon, denn seine Musik war ja europäischer Herkunft und wurde aber so von den Farbigen kopiert. LaRoccas Aussage bestätigen zeitgenössische Fotos mit unjazzigen Instrumentenzusammensetzungen wie auch alte Plattenaufnahmen – teilweise noch bis 1923 – das reichlich schwerfällige Nachspielen von Farbigen-Bands mit überladenen Besetzungen.

Gerade solche frühen Schallplattenaufnahmen waren schon seit jeher ein großes Problem für etliche Jazzautoren, die es geschickt vermieden, den Tatsachen ins Auge zu schauen, möglicherweise nur keine Kenntnis von solchen Aufnahmen hatten, sie vielleicht aber auch einfach ignorierten. Denn seit der Jahrhundertwende wurden Hunderte, wenn nicht Tausende von Ragtime-Aufnahmen von unzähligen amerikanischen, aber auch europäischen Schallplattenfirmen aufgenommen und verbreitet, auch von farbigen Künstlern, die nicht nur die gleichen Rechte wie die Weißen hatten, was die Schallplattenaufnahmen anbelangt, sondern ihrer Billigkeit wegen auch bevorzugt wurden. Die Überlieferung dieser frühen Aufnahmen erfolgte auf Walzen, Pianorollen und Schallplatten. Keine einzige der farbigen Bands, keiner der farbigen Solisten, ganz gleich woher sie kamen, aber auch keine weiße Kapelle jener Zeit (1895–1916) spielte auch nur eine Spur jener Musik, welche die ODJB ab 1916 als erste Band präsentieren sollte: Kollektivspiel der (fünf) Instrumente im Two-Beat-Rhythmus, mit vereinzelten Instrumenten-Breaks, in voller Improvisation – also Jazz. Ja, sogar nicht einmal spätere Aufnahmen schwarzer Orchester, aus den Jahren bis 1920/21, konnten auf ihren Aufnahmen perfekten Jazz vorweisen, obwohl sich manche seit 1917 als *Jazz*-Bands bezeichneten! Sie alle spielten – alte Tondokumente beweisen dies – Ragtime oder eine Mischung aus Galopp, Polka, Marsch- oder volkstümliche Musik. Einige dieser frühen farbigen *Jazz*-Bands der Jahre von 1917 bis 1921 zeigen geradezu rührende Versuche, die Musik der ODJB nachzuspielen (s. auch Kap. III). Der bekannte Einwand, daß die frühen farbigen (Jazz-)Orchester gar keine Chancen für Schallplattenaufnahmen bekommen hätten, ist daher völlig unzutreffend und eine reine Verlegenheitsbehauptung, da ja nicht sein kann, was nicht sein darf. Jeder Jazzfachmann mit discographischen Kenntnissen kann das leicht widerlegen. Wo kein Jazz war, konnte auch keiner aufgenommen werden.

Typisch und geschichtlich sehr interessant ist die schon an anderer Stelle erwähnte Tatsache, daß nach dem Riesenerfolg der ODJB mit ihren Victor-Aufnahmen vom 26. Februar 1917 der New Yorker Talentscout der Columbia Co., Ralph Peer, nach New Orleans reiste in der Annahme, dort weitere Kapellen dieser Art zu finden und unter Vertrag nehmen zu können. Er durchkämmte die Hotels, Nightclubs, Spelunken, die Waterfront und auch das Vergnügungsviertel Storyville, wo er alles fand, nur keine Musik à la ODJB! Dabei hatte Storyville damals noch seine große Zeit und wurde teilweise erst am 10. November 1917 vom Staat bzw. vom Kriegsministerium (Abt. US-Navy) geschlossen und geräumt. Aber ein großer Teil des alten *French Quarter* bestand auch nach 1917 weiter – bis in unsere Tage hinein. Da Peer weder an Brassmusik, üblicher Tanz- und Salonmusik, Countrymusic und Ragtime aller Art interessiert war – denn davon gab es in New York mehr als genug -, kehrte er enttäuscht nach dem Norden zurück. Der legendäre Auszug von (einigen) *Jazz*-Musikern aus dem geräumten Storyville ist eine weitere weithin bekannte Story, die sogar in dem Louis-Armstrong-Film *New Orleans* (1946) ausgeschlachtet wurde. Im Norden engagierte Peer dann, gewissermaßen als Notnagel, Mitte 1917 die farbige Band des *Vater des Blues* William Christopher Handy und 1918 die farbige Band von Wilbur Sweatman, die sich – obwohl im Prinzip reine Ragtime-Orchester – als *Jazz*-Bands angeboten hatten, sich jedoch recht und schlecht bemühten, die Musik der ODJB und auch deren frühe weiße(!) Nachfolger zu kopieren (s. auch Kap. III).

Einige der aus Storyville bzw. New Orleans vertriebenen Musiker, meist Farbige, die auf Arbeitssuche nach dem Norden gingen und zumeist ihr Glück in Chicago versuchten, spielten hier ebenso wenig Jazz wie in New Orleans, bis sie die ersten Schallplatten der ODJB hörten oder sogar die ODJB in persona erlebten. So auch der farbige Kornettist Freddie Keppard, der einmal behauptet hat, er habe „vor 1920 keine Schallplattenaufnahmen gemacht", damit man seine Kunst nicht stehle! Tatsache ist hingegen, daß die ORIGINAL CREOLE BAND – in der ja Keppard angeblich mitgespielt haben will – am 2. Dezember 1918 für die Victor Co. eine Schallplattenaufnahme „Tackin' Em Down" einspielte und sich dabei als Jazzband ausgegeben hatte. Diese Aufnahme wurde wegen musikalischer Untauglichkeit verworfen und nie veröffentlicht. Der führende europäische Jazzfachmann und Discograph, der Engländer Brian Rust, schrieb dazu u. a. an den Autor: „Wenn die ODJB nur eine ärmliche Kopie von Carey, Bunk, Rena usw. [Mutt Carey, Bunk Johnson, Kid Rena] war, von dem also, was man in New Orleans um 1912 spielte, wie kommt es dann, daß jene Musiker dreißig Jahre später so ärmliches Zeug spielten? Wenn sie um 1912 so gut waren, warum waren sie dann nicht die Sensation wie die ODJB im Jahre 1917? Weil sie schwarz waren? Aber Europe, Dabney, Sweatman, Morrison, Handy, Mitchell waren alle schwarz und nahmen auf … und ich denke, ich sagte bereits, wenn Keppard im Jahre 1916 [bereits] eine Victor-Sitzung angeboten bekam, die er verweigerte, *damit man seine Musik nicht stehle*, warum hatte er dann keine Angst davor, daß man sie stahl, wenn er sie auf der Bühne oder dem Bandstand präsentierte? Auf jeden Fall war er gar nicht der Bandleader

der [Creole]Band im Jahre 1916, es war Johnson [Bill Johnson]. Victor notierte alle diejenigen, die entweder Platten oder Tests machten oder eine Chance angeboten bekamen – aber weder Keppard noch Johnson wurden genannt." Das angebliche von Keppard abgelehnte Angebot aus dem Jahre 1916 hatte mit der Testaufnahme vom Dezember 1918 nichts zu tun. Die Creole Band, mit Freddie Keppard, hatte bereits 1915 im Norden musiziert, ohne sich jedoch von anderen Orchestern zu unterscheiden, geschweige denn als *Jazz-Band* aufzufallen. Nach dem Erfolg der ODJB, 1916/17, mußte Keppards bzw. Johnsons Band den New Yorker *Dolondrinas Club* verlassen, da das Orchester nicht – wie angekündigt – Jazz spielen konnte, sondern nur den üblichen Ragtime.

Auch der berühmte King Oliver brauchte einige Jahre, um die Musikart der ODJB zu imitieren, und zwar nicht nur gut zu imitieren, sondern auch schließlich so etwas wie einen eigenen Stil zu schaffen, dem man später die Bezeichnung „New Orleans Jazz" gab, in Abgrenzung zum (weißen) „Dixieland Jazz", obwohl beides in der Basis das gleiche ist. Noch vor King Oliver war es die Band des kreolischen Posaunisten Edward *Kid* Ory, die sich als erste erfolgreiche(!) Kapelle der Farbigen im jazzgerechten Maßstab, im Stil der ODJB, präsentierte. Aber auch Oliver hat zahlreiche Anleihen an die ODJB gemacht. Man vergleiche nur den „St. Louis Blues" in der Version der ODJB (1921) mit dem „Canal Street Blues" von King Oliver (1923), wo Oliver den letzten Teil der ODJB-Fassung als seinen „Canal Street Blues" – inklusive des dem ODJB-Musiker Larry Shields fast Ton für Ton nachempfundenen Klarinettensolos von Johnny Dodds, dem viel geschätzten Solisten der King-Oliver-Band – präsentierte. Es erhebt sich die Frage, wie die Beurteilung von King Olivers Band wohl ausgefallen wäre, wenn Oliver ein Weißer gewesen wäre.

Allen Legenden zum Trotz kann man die maßgebende Rolle der ODJB und Nick LaRoccas am Anfang der Jazzgeschichte nicht leugnen oder verkleinern. LaRocca und seine ODJB stehen gleichberechtigt neben all den großen Namen im Jazz, deren Geschichte erst begann, als die ODJB schon längst Geschichte gemacht hatte.

Kapitel II

Nick LaRocca und die Geschichte der
ORIGINAL DIXIELAND JAZZ BAND

Die Geschichte der ODJB ist untrennbar verbunden mit der Lebensgeschichte ihres maßgebenden Mitglieds und Spiritus rector Nick LaRocca. Daher soll hier das Leben dieses ungewöhnlichen, nicht immer bequemen Mannes so geschildert werden, wie LaRocca sie dem Autor schilderte und z. T. mit Dokumenten belegte.

Dominic ‚Nick‘ James LaRocca wurde am 11. April 1889 in New Orleans, Louisiana, als Sohn des sizilianischen Einwanderers und Schuhmachers Giarolamo LaRocca geboren, der ein Geschäft an der Ecke Washington und St. Thomas Street – nahe der *Waterfront* der Stadt – hatte. Unter den Seeleuten aller Herren Länder, die vor allem diesen Teil von New Orleans ständig bevölkerten, trieb Vater LaRocca einen schwunghaften Handel mit seinen Schuhen. Täglich trafen die großen Schiffe aus Übersee ein, und hier in der Ufergegend der Stadt – der „Promenade der armen Leute“, wie sie Nick LaRocca später beschrieb – konnte Nick schon als Kleinkind die Musiker vieler Völker hören, wenn die Matrosen verschiedener Nationalitäten ihre Heimatmusik vortrugen. Besonders die Messinginstrumente der Deutschen imponierten ihm. Die Südländer, d. h. die Spanier, Italiener, Portugiesen und auch Franzosen, bevorzugten Pikkoloflöten, Klarinetten, Banjos, Gitarren und auch Akkordeons. Es war damals ein lustiges Treiben in der vergnügungsfreudigsten Hafenstadt der USA, und die Musik war ein Hauptbestandteil dieser Vergnügungen, sei es bei öffentlichen Tanzveranstaltungen, bei Paraden aller Art, die meist Reklamezwecken dienten, und beim Karneval. Kein Wunder, daß der junge Nick recht früh Interesse an der Musik fand.

Als Nick neun Jahre alt war, brach der Spanisch-Amerikanische Krieg aus (1898), und anläßlich des Flottensieges der USA in der Bucht von Manila verfiel die Jugend in New Orleans in einen Freudentaumel, und alle spielten *Soldaten*. Diese Zeit wurde entscheidend für LaRocca, der auch mitmachen wollte und eines Tages heimlich das Horn seines Vaters entwendete, um in den *Paraden* der Jungen mitzutun. In seinem leerstehenden Haus brachte sich Nick auf dem väterlichen Horn die „Bugle Calls“, die Horn-Signale der USA-Streitkräfte, bei, um schon nach einiger Zeit mit dieser akustischen Errungenschaft durch die Straßen zu marschieren, während seine Spielkameraden alte Kuchenbleche als Trommeln sowie Töpfe und Waschkessel als Pauken verwendeten. Hinter der *Band* folgte der Fahnenträger mit dem Stars & Stripes-Banner und dann die *Soldaten* mit Besenstielen und Stöcken als Gewehre. Aber dieser Krieg war bald vorbei, und das Vergnügen der Knaben an kriegerischen Schauspielen ließ nach, nicht so aber Nicks Neigung zur Musik. Ohne Kenntnis und Unterstützung des Vaters, der gegen die musikalischen Ambitionen seines Sohnes war, übte Nick in verlassenen Abbruchhäusern heimlich auf dem väterlichen Horn weiter, wann immer er dessen habhaft werden konnte. Zunächst brachte er sich, da er keine Noten lesen konnte, die unterschiedlichen Töne der diversen Ventile bei, numerierte diese und schrieb die Nummern für die Melodie, welche er gerade im Sinne hatte, zur Erinnerung auf ein Blatt Papier. Ständige Übung und ein gutes Gehör ermöglichten ihm schnell, auf diesem schwierigen Instrument, wie es das Kornett ist, eine ganze Reihe von Liedern auswendig zu spielen und mit der Zeit jedes gewünschte Thema nachzuspielen.

Einige Jahre ging diese Heimlichtuerei gut. Eines Tages aber ertappte ihn der Vater beim Musizieren. Er ließ Nick noch fertigspielen, nahm dann eine Axt und zerschmetterte sein eigenes Kornett: „Du wirst Arzt und kein Musiker-Tramp!" Nick war jedoch anderer Meinung, und er begann allerlei Trödel und Altmaterial zu sammeln, das er verkaufte, um vom Trödler schließlich ein uraltes, verbeultes Kornett für 2,50 Dollar zu erwerben. Er setzte seine Übungen fort und versteckte das Instrument in einem Brunnen im Hintergarten des Hauses. Aber der Vater fand auch dieses Kornett, zerhackte es ebenfalls und hängte es als Warnung über die Hintertür des Hauses. Nick gab nicht auf, hartnäckig wie er war. Jeden Tag nach Schulschluß begann er wiederum Trödel zu sammeln, um das Geld für ein neues Kornett zusammenzukratzen. Da trat ein Ereignis ein, das einerseits traurig, andererseits vielleicht entscheidend für Nicks weitere Laufbahn war – sein Vater starb. Die Mutter, die bald erkannt hatte, welche Talente in ihrem Sohn steckten, stellte nun Nicks musikalischen Übungen nichts mehr in den Weg. Als Nick sich endlich wieder ein neues Kornett zusammengespart hatte, erlaubte sie ihm sogar, zu Hause zu spielen. Hier konnte Nick mit Hilfe eines Phonographen und eines automatischen Klaviers wie ein *Orchestermitglied* üben.

Zu jener Zeit – um 1902 – mußte Nick jedoch die Schule verlassen, um ein Handwerk zu erlernen. Er begann in einer Firma für Bauzubehör zu arbeiten und wurde bald mit Aufträgen durch die ganze Stadt geschickt. Dies hatte den Vorteil, daß er New Orleans gründlich kennenlernte und auch in das French Quarter kam, wo gerade Opernsaison war. Die Opern faszinierten ihn, und er nahm einen nächtlichen Job als Beleuchtergehilfe an, um bei dieser Gelegenheit die für ihn neue Musik zu hören und zu genießen. Er sammelte so nicht nur viele Erfahrungen als Elektriker, was ihm später zugute kam, sondern erweiterte vor allem auf musikalischem Gebiet seinen Horizont. Hier hörte er die kunstvollen Formen der Fugen und bewunderte die italienischen Opernsänger, besonders wie sie in Gegenmelodien untereinander eine Art *Unterhaltung* führten. Dabei hörte er den *Ruf* und die *Antwort* in der Musik; beides verwendete er später auf seine Weise in seiner *Jazz*-Musik. Dreißig Jahre später befanden einige Jazzexperten zum vermeintlichen Beleg der These, daß der Jazz schwarzen Ursprungs sei, daß der *Call* und *Response* aus Afrika komme und ein Hauptelement des (farbigen) Jazz sei, da es ja in der rein afrikanischen Musik vorhanden und in einigen Formen der Eingeborenenmusik zu finden ist – was nicht bestritten wird. Aber LaRocca kannte afrikanische Musik ebensowenig wie die amerikanischen Schwarzen, die Farbigen in New Orleans bzw. ganz USA.

Nick LaRocca übte in all seinen freien Stunden fleißig weiter, und eines Tages hörte eine Mrs. Young, die in der Nähe einen Juwelierladen hatte und bei den LaRoccas ihre Schuhe zu kaufen pflegte, ihn sein beachtliches Kornett zum Phonographen blasen. Die musikfreudige Mrs. Young, die selber Klavier spielte, lud Nick daraufhin ein, mit ihr und ihrem Sohn Henry, der die Violine beherrschte, gemeinsam zu musizieren. Aber auch Mrs.Young brachte ihm das Notenlesen nicht bei, da er auch so der Musik leicht folgen konnte. Sie fand Nicks Musik zwar „dirty“, hatte aber auch ihren Gefallen daran. Ähnlich wie Nick LaRocca erging es etlichen Amateurmusikern in New Orleans, die nie oder kaum Noten lesen lernten und, wie schon gesagt, *Faker* (Vortäuscher) genannt werden. Im Zusammenspiel mit der Young-Familie war es auch das erste Mal, daß Nick beim Spielen der Melodie ein wenig vom Thema abwich und eigene kleine Harmonien oder melodische Ideen mit einflocht. Er ging also vom Schema des einfachen Mit- und Nachspielens ab, wie es unter den *Fakern* üblich war, und begann zu improvisieren. Er fühlte gewissermaßen *seine* Musik mit, indem er eine Melodie oder bekannte Kompositionen zwar als Vorlage benutzte, sie jedoch stellenweise nach eigenen Vorstellungen änderte. Nach seinen Worten „schwindelte er sich durch die Musik“. Dies war das Ergebnis der sich selbst beigebrachten Musik. Die einfache Nachspielimprovisation, zu der er auf Grund seiner Notenunkenntnis gezwungen war, genügte seinem regen Wesen und Geist nicht, solange es sich nur um eine „ungelesene“ Kopie einer Melodie handelte. So schuf er eigene Variationen und zugleich, noch unbewußt, den Grundstock einer neuen Form des Musizierens. Aber davon ahnte er damals selbst noch nichts, als er anno 1903/04 seine ersten Jobs als Musiker antrat.

Nick LaRoccas musikalische Karriere begann, als Henry Young mit ihm eine Jugendband in dem Ort Long Beach, Mississippi, gründete, in der außer Nick (Kornett) und Henry (Violine) noch Joe Giuffre (Gitarre) und Joe *The Barber* (Bass) mitwirkten. Sie spielten als Amateure „free music" und hatten bescheidene Erfolge auf Parties und sogenannten *One-night Stands* (Einmal-Engagements). Bald gingen Henry und Nick nach New Orleans zurück und spielten dann bereits mit einigen etwas älteren jungen Männern wie Fonce Price (Violine), Joe Tujague (Gitarre) und John Tujague (Bass). Auch diese Gruppe wurde zu Parties und *One-night Stands* engagiert.

Als Kornettist machte sich Nick LaRocca unter den jungen Musikanten schnell einen Namen und bekam viele Angebote, so daß er zwischen 1904 und 1908 in verschiedenen Gruppen auftrat, die in und um New Orleans spielten, oftmals nur für Trinken und Essen. Wenn es Geld gab, dann um so besser. In diesen Bands spielten junge Musiker, deren Namen längst vergessen sind und die darum hier als Kollegen von Nick LaRocca und Henry Young erwähnt werden sollen: Jim Ruth (Gitarre, Stiefbruder von Larry Shields), Buzz Harvey (Bass), Harry Nunez (Violine), Joe Taranto und Sousou Ramos (Gitarren), Freddie Englert (Violine), Willie Guitar und George Geiffer (Bass). 1908 gründete Nick LaRocca schließlich sogar seine erste eigene kleine Band, die LaRocca Band, in welcher neben den schon erwähnten Tujague-Brüdern auch schon Larry Shields, der später so berühmte ODJB-Klarinettist und *Vater aller Jazz-Klarinettisten*, dabei war, ferner Jules Cassard (Ventilposaune). Da diese Band jedoch auch „free music" spielte, erhielt sie keine ständigen Jobs und ging auseinander. Im Jahre 1911 bekam Nick LaRocca ein neues Angebot für die Band von Abbie *Double Head* Brunies, einem Bassisten, der neben Nick noch relativ bekannte Musiker beschäftigte: Harry Brunies (Posaune), Merrit Brunies (Altsaxophon) und Joe Taranto (Bass). Danach wurde Nick LaRocca in die Joe-Barocca-Band übernommen, in der Leon Rappola, der Onkel des später so bekannten Jazz-Klarinettisten Leon Roppolo (Rappolo), ebenfalls als Klarinettenspieler mitwirkte. In der gleichen Zeit wurde LaRocca häufig als Solist zur Verstärkung von sogenannten Riverboat-Bands engagiert und war auf dem Mississippi-Dampfer *J.S.* zu hören. Hier pflegte er manchmal eine Melodie zu spielen, die man „Blues"* nannte und die in der Akkord-Zusam-

---

* Das Wort bzw. der Begriff „Blues" wurde etwa ab 1900 für traurige oder wehmütige Melodien, also für viele verhaltene oder langsam gespielte Instrumentalkompositionen verwendet, hatte aber keinen oder kaum einen echten Bezug zum späteren realen Zwölf-Takte-Blues, dem richtigen Blues, der eine reine Gesangsform der Farbigen ist, egal aus welchen Quellen er ursprünglich auch herkam (Spirituals, Worksongs, Field Hollers, Kirchenlieder usw.). Der von den Farbi-

mensetzung der „Holy City", einer Kirchenhymne des 19. Jahrhunderts, entnommen war. Sie war, wie es LaRocca beschreibt, zu „12 Takten gestutzt" worden und sollte die Herkunft von der Kirchenmusik tarnen. Die weiße Riverboat-Band (wahrscheinlich RELIANCE BAND) spielte im Grunde genommen nichts anderes als eine Melodie, die etliche Jahre später von William Christopher Handy in den berühmten „St. Louis Blues" verwandelt wurde (s. auch Kap. III). Handy soll dieses Thema u. a. neben anderen Melodien auf den Riverboats erlauscht haben. Soweit zur subjektiven Erfahrung LaRoccas mit dem Blues.

Nick LaRocca war in den Jahren zwischen 1904 und 1914 nicht nur als Musiker tätig, sondern übte auch verschiedene Berufe, wie Tischler, Klempner, Elektriker, Druckereigehilfe und Vormann in einer Abrißfirma aus. Er war – wie viele Autodidakten – ein vielseitiger Mensch, der jeden Beruf genauso leicht erlernte wie das Kornettspielen. Seine natürliche Intelligenz ersetzte mangelnde Schulbildung, er war sogar musikalisch der üblichen akademischen Lernsystematik auf Grund seiner Unbelastetheit überlegen. Ständig voller neuer Ideen und von einer Rastlosigkeit, die auch im hohen Alter nicht nachlassen sollte, ließ ihn seine dynamische Persönlichkeit stets schnell in seiner Umgebung dominant werden, sei es als Handwerker oder als Musiker. Sein Biograph Harry O. Brunn schildert ihn als agilen Fleißmenschen mit vielseitigen Talenten. Durch seine wechselnden Berufe kam er überall in New Orleans herum und kannte sämtliche Kapellen der Stadt. Nach seinen eigenen Aussagen war in jener Zeit bis 1915 nie ein Ton jazzähnlicher Musik zu hören, weder bei weißen noch bei farbigen Orchestern: „Wir alle spielten Ragtime! Auch die Farbigen, die den weißen Orchestern jener Zeit weit unterlegen waren und diesen nacheiferten. Es gab in ganz New Orleans keinen *Jazz* oder auch nur jazzähnliche Musik."

Wie schon erwähnt, war das alte New Orleans eine der wohl musikfreudigsten Städte der Vereinigten Staaten und hatte eine Unmenge weißer und farbiger Ensembles aller Art aufzuweisen. Es gab, da die Kreolen (Mischlinge) auch zu den schwarzen Bands gezählt wurden, mehr farbige als weiße Orchester, jedoch keine gemischten, schwarz-weißen Bands in New Orleans bzw. überall in

---

gen gesungene Blues, der sich praktisch nur um eine Melodie dreht und musikalisch sehr limitiert ist, fand erst zu Beginn der 20er Jahre Eingang in den instrumentalen Jazz (Mamie Smith u. a.) und in die Hot-Dance-Musik. Nur auf diesem Gebiet gab es weiße Kopisten – allerdings später. Die Existenz des Blues *neben* dem Jazz trug auch viel zur Verwirrung über die Anfänge des Jazz bei, weil die Parallelität nicht beachtet wurde und der Blues generell als Basis der Jazzmusik angesehen wird, d. h. als eine Art Beweis für die These, daß der Jazz vom Schwarzen stammen solle, herzuhalten hat(te).

den Südstaaten der USA, im „Dixieland", wo strenge Rassenschranken herrschten. Die Weißen und ihrerseits die Farbigen hatten ihre eigenen Paraden, ihre eigenen Konzerte und ihren eigenen Karneval, was beide jedoch nicht hinderte, sich gegenseitig zu hören und zu sehen. Unter all diesen weißen und farbigen Musikern stachen einige besondere Talente hervor, vorwiegend als Ragtime-Interpreten, denn neben den Marsch- und Parademusiken war es der Ragtime, der in den Jahren zwischen 1897 und 1915 (und zum Teil sogar noch bis um 1920) – *die* zeitgemäße Musik war.

Nach dem Riverboat-Intermezzo war Nick LaRocca für einige Zeit in der Bill Gallaty Band. Als er 1912 Mitglied der Ragtime-Band namens Reliance Brass Band von Jack *Papa* Laine wurde, dauerte es nicht lange, bis er der maßgebende Musiker des Orchesters war und als ihr indirekter Leiter galt. Mit von der Partie waren damals auch schon die späteren ODJB-Musiker Tony Sbarbaro (Drums) und LaRoccas Freund, der Posaunist Eddie Edwards, mit dem er früher in leerstehenden Häusern geübt hatte, wo sie beide als Elektriker arbeiteten. *Papa* Laine selbst hatte zwar ein gewisses Talent, Kapellen zusammenzustellen, war aber nur ein recht mäßiger Musiker und *Drummer* (Trommler, nicht: Schlagzeuger im modernen Sinne). Auch er sollte später von einer Reihe von Jazzautoren als „weißer Jazz-Pionier" hochstilisiert werden, obwohl er stets nur reine Marsch- und Ragtimemusik zum besten gegeben hatte.

Von *Papa* Laine konnte Nick LaRocca wenig lernen, aber er hatte einen guten Job und spielte mit guten Musikern zusammen, denen er nach und nach seine Ideen über Improvisationen beibrachte, indem er die damals so beliebten *Break Downs*, d. h. frei gespielte, beliebige Einwürfe der verschiedenen Solisten, zu längeren Kollektivimprovisationen erweiterte, wobei sich – im Gegensatz zum bisherigen Beharren am gegebenen Thema – eine eigene kleine Melodie im Rahmen des Gesamtthemas ergab. Es waren dies – wenn auch noch immer streng im Rahmen des für den Ragtime typischen Four-Beat-Rhythmus – die ersten, unbewußten Anfänge einer Musikrichtung, die ein paar Jahre später unter dem Namen Jazz Furore machen sollte.

Nick LaRocca war noch Solist der Band von Jack Laine, als ihn Ende 1915 das Schicksal in Gestalt des Chicagoer Nachtclubmanagers Harry James (nicht identisch oder verwandt mit dem berühmten Swingtrompeter gleichen Namens!) begegnete, der extra aus Chicago gekommen war, um einige Musiker aus dem Süden für den Chicagoer *Booster Club* zu engagieren – denn die Musiker aus dem Süden galten als billig. Die Laine-Band spielte gerade auf einem Reklamefeldzug für den Boxer Pete Herman, als jener Harry James den Kornettisten Nick LaRocca hörte und ihn fragte, ob er nicht nach Chicago kommen wolle. LaRocca dachte zunächst, „der Mann ist verrückt", denn er selbst fand nichts Besonderes an seiner Musik. Dennoch lud er Harry James ein, ihn mit einer weiteren kleinen Band spielen zu hören, mit der er nachts am Hay Market musizierte und die seiner Meinung nach besser war als die Kapelle von *Papa* Laine. In dieser kleinen Gruppe wirkten die folgenden Musiker mit: LaRocca (Kornett), Leonce Mello (Posaune), Alcide *Yellow* Nunez (Klarinette), Henry Ragas (Piano) und Johnny Stein (Drums). James war hell begeistert und bat die Band, unbedingt nach Chicago zu kommen.

Schon nach einigen Tagen hatte LaRocca Harry James vergessen, weil er der Annahme gewesen war, die Einladung nach Chicago sei nur aus einer spontanen Begeisterung, ohne ernsten Hintergrund, entsprungen. Aber nach einem Vierteljahr meldete sich James durch ein Schreiben und beschwor LaRocca, mit der Band in Chicago aufzutreten. Schnell holte LaRocca die bereits genannten Musiker zusammen, wobei er jedoch seinen Freund Eddie Edwards, der nach seiner Zeit in der Reliance Brass Band in der Band von Ernest Giardina gespielt hatte, anstelle von Leonce Mello einsetzte. Nunmehr begann die kleine Band (LaRocca, Edwards, Nunez, Ragas und Stein), sich auf das Chicagoer Abenteuer vorzubereiten.LaRocca fand noch schnell einen Ersatzmann für seinen Platz in der Band von Jack Laine, und dann ging es per Zug nach Chicago. Am 3.März 1916 kamen die fünf Musiker aus New Orleans in Chicago an. Harry James hatte sie für das *Schiller Café* engagiert und besorgte ihnen umgehend einheitliche Jacken als *Banduniform*, da sie bereits am Abend des Ankunftstages auftreten mußten. Von der langen Bahnfahrt erschöpft, wurde ihr Debüt kein großer Erfolg. Aber bereits am nächsten Tag waren sie wieder in alter Form und begannen die Aufmerksamkeit des Publikums auf sich zu ziehen.

Noch hatte das Quintett keinen Namen und keinen nominellen Leader. So losten sie untereinander aus. Das Los fiel auf Johnny Stein, und die Band erhielt den Namen STEIN'S BAND FROM DIXIE. Stein wurde Bandmanager, jedoch LaRocca der eigentliche Leader. Später schrieben einige Jazzautoren in der irrtümlichen Annahme, daß Steins Dixie-Band vor der ODJB Jazz gespielt habe, es handelte sich um zwei verschiedene Orchester.

Schon immer hatte LaRocca es sich gewünscht, eine Band zu leiten – wenn man von seinem ersten Versuch im Jahre 1908 absieht –, nun war die Chance da. Diese Aufgabe war gleichsam das Ventil für die schöpferische Kraft LaRoccas und bot den Ansatzpunkt für den ersten echten instrumentalen Jazz, der da kommen sollte. LaRocca, der vor Ideen übersprudelte, war wahrhaft auserwählt, eine Reihe erstklassiger Musiker zu leiten wie jetzt hier im März 1916 in Chicago. Zugleich war er ein hervorragender Kornettist. Sein *Drive*, d. h. sein

Antreiben, seine *Attacks*, seine Einsätze und die Art, eine Melodie zu akzentuieren, ist selten wieder im Jazz erreicht worden. Im Gegensatz zu dem *Jazzkenner* J. E. Berendt, der LaRoccas Spiel mit einer „Zirkustrompete" verglich, wurde es von allen frühen Trompetern sehr geschätzt (inkl. Louis Armstrong, Bix Beiderbecke und Frank Guarente). LaRocca zählt zu den wenigen großen Solisten, welche es fertigbrachten, in der Melodielinie der Band zu spielen und zugleich auch ein Bestandteil der *Rhythm section* zu sein. All dies war einzig und allein das Produkt einer harten und beispiellosen Selbstschulung und ungewöhnlichen Musikalität. Nunmehr, als Bandleader, zwang er die anderen vier Musiker der Band „from Dixie" unter seinen Bann und inspirierte sie mit seinen Ideen und Improvisationen, die er seit jenen Tagen mit sich herumtrug, als er die italienischen Opern im French Quarter von New Orleans gehört hatte.

Von nun an sollten sich die Ereignisse überstürzen. Nick LaRocca gab jedem Instrument ein eigenes Thema im Rahmen der jeweiligen Kompositionen. Er ging von der starren Form des Ragtime ab und förderte das improvisierte Zusammenspiel von Kornett, Posaune und Klarinette als eine Art von musikalischem Gespräch, als *Call* und *Response*, wobei der Rhythmus, getragen von Piano und Drums, noch stärker zum Ausdruck kam. Dies war schon grundverschieden von der starren melodischen Linienführung des Ragtime und der damaligen Unterhaltungsmusik. Natürlich hatte Nick LaRocca schon in New Orleans ansatzweise versucht, seinen Musikerkollegen seine Musizierauffassung deutlich zu machen, aber hier in Chicago kamen seine Ideen zum endgültigen Durchbruch und wurden vorbehaltlos akzeptiert – vor allem als sich immer mehr Leute im *Schiller Café* einfanden, um der Band zuzuhören und nach ihrer Musik zu tanzen. Denn diese Musiker aus dem „Dixie-Land", aus dem Süden der USA, spielten so ganz anders als die anderen Kapellen des Südens, z. B. u. a. die Bands von Tom Brown und Bill Johnson mit Freddie Keppard, die schon 1915 in Chicago gastierten, jedoch mit ihrer Ragtimemusik nur mäßigen Erfolg hatten und sich von den einheimischen Kapellen nicht oder kaum unterschieden.

Nach knapp zwei Wochen nannte sich die Band – obwohl von LaRocca geführt – Stein's Original Dixie-Land Band, aber noch war der entscheidende Erfolg nicht da. Man fand die Band zwar gut, aber nicht sensationell. Da bemerkte Nick LaRocca, als die Band gerade einen großen Hit jener Zeit, den „Castle Walk", spielte, daß die Schritte der Tänzer nicht mit der Musik konform gingen. Und da Nick LaRocca selber ein guter Tänzer war, begann er über seine Beobachtung nachzudenken. Er fand, daß der Four-Beat (Vier-Takt) des Ragtime nicht zu seiner Counterpoint-Musik paßte, und ordnete einen

Die ORIGINAL DIXIELAND JASS BAND *1916 in Chicago. V. l. n. r.: Tony Sbarbaro, Eddie Edwards, Nick LaRocca, Larry Shields, Henry Ragas*

synkopesierten Marschrhythmus im Two-Beat an. Damit bekam die Musik der Band ihre endgültige Form und sollte die Welt erobern: *Die erste Stunde des Jazz war angebrochen.* Die Band hatte sich endgültig vom Ragtimeschema gelöst und peitschte die Tanzpaare zu einer wahren Ekstase an. Zugleich war aber die neue Musik im Gegensatz zur bisherigen Gebrauchstanzmusik an-hörenswert. Das *Schiller Café* konnte die begeisterten Massen kaum fassen an jenem denkwürdigen Abend, als STEIN'S ORIGINAL DIXIE-LAND BAND zum ersten Male eine völlig neuartige Musik spielte, irgendwann zwischen dem 25. April und 30. April 1916, um präzise zu sein! Der April 1916, als in Europa die Schlacht um Verdun tobte, ist der Geburtsmonat der Jazzmusik. Die nächsten Tage und Wochen sahen ein überfülltes *Schiller Café*, und die Band konnte kaum Atem holen, einige Chicagoer riefen: „More jas, give us more of that jas*, boys." Schon nach einigen Tagen nannte sich die Band nun THE ORIGINAL DIXIELAND JASS BAND! Und am 30. April und 1. Mai 1916 berichtete als erste Zeitung der Welt der *Chicago Herald*, im *Schiller Café* spiele die besonders interessante „Jass"-Musik der Original Dixieland Jass Band, hier als importierte Band aus New Orleans erwähnt.

Die Original Dixieland Jass Band (ODJB) war von nun an die große Attraktion des *Schiller Café* und die Sensation von Chicago. Und mit Recht verlangte die Band eine Erhöhung ihres Gehaltes, da sie sich in Ungewißheit über ihre Zukunft in dem Vertrag von Anfang März mit wöchentlich nur 25 Dollar pro Mann begnügt hatte, um das Dreifache, d. h. auf 75 Dollar. Als der Manager nicht nachgab, schlug LaRocca die Vertragsauflösung vor. Johnny Stein wollte das Wagnis des Vertragsbruches nicht eingehen, aber die anderen drei, Edwards, Nunez und Ragas, stimmten zu. Es kam zu einer Klage des Managers des *Schiller Café*, die aber glatt abgewiesen wurde, als dem Richter zu Ohren kam, für welch magere Gage die Band acht bis zwölf Stunden pro Nacht zu spielen hatte – und er kommentierte trocken, die Zeiten der Sklaverei seien vorbei. Damit war der Fall zugunsten der ODJB erledigt.

Die Band fand sogleich ein neues Engagement im *DeLabbe Café* (5. Juni 1916). Hier beschäftigte LaRocca einen Chicagoer Drummer namens Earl Carter für zwei Wochen, als Ersatz für Stein, der im *Schiller Café* geblieben war. Dann kam der aus New Orleans herbeigerufene Tony Sbarbaro (der sich später Tony Spargo nannte) und löste Carter ab, und die Band wechselte zum *Casino Gardens* über. Hier kam es zu Streitigkeiten mit *Yellow* Nunez, den LaRocca kurzerhand aus der Band ausschloß und durch seinen alten Freund Larry Shields ersetzte, der schon in New Orleans oft mit LaRocca zusammen musiziert hatte und sich sofort der neuen Stilistik anzupassen verstand. Larry Shields sollte, wie schon erwähnt, in die Jazzgeschichte als einer der Größten seines Instrumentes eingehen; so gut wie alle nachfolgenden Klarinettisten lernten von seinem Spiel. – Nunmehr waren die fünf Männer zusammen, die – nicht zuletzt auf Grund ihrer ersten Schallplatten – den Jazz weltberühmt machten und ihm die Welt eroberten: LaRocca, Edwards, Shields, Ragas und Sbarbaro!

An einem dieser Abende im *Casino Gardens* hörte sie der bekannte Sänger und Entertainer Al Jolson und überredete Max Hart, einen einflußreichen New Yorker Entertainment-Manager, nach Chicago zu kommen und sich die ODJB einmal anzuhören, denn Jolson hatte die Einzigartigkeit der Band sofort erkannt. Hinzu kamen weitere Presseberichte.[25] Max Hart verpflichtete

---

* „Jas" war ein typischer Anfeuerungsruf der Chicagoer Unterwelt, der wahrscheinlich aus dem Italienischen kam. Der wahre Ursprung des Wortes „Jas" oder "Jass" ist bisher nicht geklärt worden – trotz zahlloser Vermutungen (s. auch Kap. I). LaRocca hörte das Wort „Jas(s)" zum ersten Mal wie oben geschildert, aber über den Ursprung konnte auch er nichts sagen.

die Band vom Fleck weg für das New Yorker *Reisenweber*-Gebäude mit seinen fünf Restaurants. Die Musik der ODJB hatte ihn schlichtweg überwältigt, vielleicht hatte er zunächst denselben Eindruck wie die Chicagoer Zeitschrift *Vaudeville*, welche schrieb, daß „die Jass Band wie ein Wirbelwind war und die wildeste Musik darbot, die man außerhalb eines Komanchen-Massakers gehört" habe.

Am 7. Januar 1917 kamen die fünf in New York an und wurden zunächst wieder einmal eingekleidet, und zwar in prachtvolle Tuxedos. Zwei Wochen hatten sie Zeit zum Proben und sich in den diversen Lokalen innerhalb des Reisenweber-Gebäudes vorzustellen. In New York waren sie noch kein Begriff; ihre Chicagoer Triumphe hatten die Ostküste noch nicht erreicht. Ab 17. Januar spielten sie auf dem Dachgarten im *Paradise-Room*, danach zwischen Shows in der *Coconut Groove* und schließlich im *400 Room*.

Der Eindruck, welchen die ODJB auf die New Yorker machte, war geteilt. Bisher waren sie nur an farbige Orchester gewöhnt, die mit Violinen, Mandolinen, Banjos, Celli, Marimbaphon usw. überladen waren. Der ganze Broadway war *schwarz*, was die Musik anbelangte. Hier spielten im Januar 1917 die Orchester von Henry Creamer, Will Marion Cook. Broadway Jones, Jim Europe, Tony Puck, Ford Dabney, ferner die CIRCLE FOUR, CIRO'S COLORED ORCHESTRA und die WILL VODERY BAND, daneben die weiße Ragtime-Band von Earl Fuller sowie das Tango-Orchester von Ernest Borbee, zwei Kapellen, die als erste Bands der Welt die ODJB zu kopieren versuchten.

Die New Yorker waren zunächst von der „wilden Musik" der ODJB schockiert. Sie klopften empört gegen die Teller, Gläser und Tassen und riefen „Get back to the farm" („Haut bloß ab auf die Farm"), da sie in den „Dixielandern" eine reine „Provinzkapelle" sahen. Diese neue Musik wirkte zu fremdartig, und die Lage wurde kritisch, bis Mr. Schultz, der Manager des *400 Room*, bekanntgab, daß man nach dieser „Jass"-Musik auch tanzen könnte. Erst kam ein Paar, dann noch eines. Und es dauerte nicht lange, da hüpften Hunderte von Paaren im neuen „Jass"-Rhythmus. Die Leute waren von der Tanzfläche nicht mehr fortzubekommen, und die Band spielte ununterbrochen bis fünf Uhr früh. Über Nacht wurde die ODJB zum Stadtgespräch von New York, immer mehr Zeitungen begannen über diese einzigartige Kapelle und ihre Musik zu berichten. Die ORIGINAL DIXIELAND JASS BAND hatte sich durchgesetzt und konnte ihre Gagen ihrem Erfolg gemäß anpassen, ohne ihre Musik zu verraten. Sie war eben eine Sensation – und noch mehr als das, sie war wirklich einmalig in ihrer Spielweise. Innerhalb weniger Monate hatte die ODJB ein eigenes Repertoire aufgebaut, vorwiegend durch die Inspiration ihres Leaders Nick LaRocca, der, ohne eine Note schreiben zu können, unsterbliche

Die ORIGINAL DIXIELAND JAZZ BAND, 1917, im >Reisenweber<, New York, als >Creators of Jazz<. V. l. n. r.: Eddie Edwards, Nick LaRocca, Tony Sbarbaro, Henry Ragas, Larry Shields.

Jazz-Klassiker wie „Tiger Rag", „Skeleton Jangle", „Toddlin' Blues", „At The Jazz Band Ball", „Ostrich Walk", „Fidgety Feet", „Lazy Daddy" u. a. schaffen sollte. Alice Kiern, eine Organistin in New Orleans, hat viele von LaRoccas Kompositionen in Noten gesetzt, während LaRocca neben ihr stand und seine musikalischen Einfälle vorsummte oder auch auf dem Kornett vorspielte. So auch den bekannten „Tiger Rag", zu dem ihm drei Lieder als Akkordgrundlagen gedient haben: „La Paloma", „London Bridge Is Falling Down" und der „National Emblem March" von John Philip Sousa. Alle späteren Behauptungen, daß der „Tiger Rag" von einer alten französischen Quadrille oder als „Blues No. 2" sogar von einem alten Ragtimelied usw. abstammen soll, sind falsch, gehören zur Fiktion der Jazzgeschichte seit den 30er Jahren – und zur berechnenden Abwertung von LaRoccas Leistungen.

Der Ruf der ORIGINAL DIXIELAND JASS BAND im New Yorker *400 Room* des Reisenweber-Gebäudes war bereits nach einer Woche an die Ohren der Schallplattenfirmen gelangt. Als erste meldete sich die Columbia Graphophone Company (LaRocca glaubt, am 27. Januar 1917) und lud die Band zu Aufnahmen ein. Und so wurden am 30. Januar 1917 im New Yorker Columbia-Studio die ersten zwei Jazzaufnahmen der Welt produziert! Dabei wurden mehrere

Die ODJB, 1917 im >Reisenweber<, New York. V. l. n. r.: Tony Sbarbaro, Eddie Edwards, Nick LaRocca, Larry Shields, Henry Ragas.

Einspielungen, sogenannte *Takes*, von den damals gerade populären Kompositionen und Schlagern „Indiana" und „Darktown Strutters' Ball" aufgenommen – dies war eine Auflage der Columbia, um diese beiden Hits der Saison an den Mann zu bringen. Doch die von der ODJB jazzmäßig umgesetzte Version dieser beiden Stücke stieß bei den Columbia-Leuten auf heftige Ablehnung. „Wir schlugen sie mit Hämmern", sagte Nick LaRocca später, um die Wirkung auf die Columbia-Leute zu veranschaulichen. Sie warfen die ODJB fast hinaus und beschlossen, diese ersten *Takes*, die allein rein aufnahmetechnische Mängel aufwiesen, nicht herauszubringen. Und von einem Vertrag für die ODJB war schon gar nicht die Rede. Dies sollte die Columbia Co. bald bitter bereuen, als andere Plattenfirmen – zuerst die Victor Co. – an ihre Stelle traten und ODJB-Platten mit Millionenerfolg herausbrachten. Wohl oder übel mußte sich daraufhin der schon an anderer Stelle erwähnte Talentscout der Columbia, Ralph Peer, nach einer anderen Jassband umsehen, doch war sein Bemühen, 1917 in New Orleans, der Heimatstadt der ODJB, eine vergleich-

51

bare bzw. überhaupt eine Jassband aufzutreiben, vergebens. In New Orleans spielte man um diese Zeit alles mögliche, nur keinen Jass.

Am 26. Februar 1917 nahm nun die Victor Co. die ersten beiden ODJB-Titel auf, die je veröffentlicht wurden: den „Livery Stable Blues" (eigentlich: „Barnyard Blues") und den „Dixieland Jass Band One-Step". Die Platten erschienen bereits am 7. März im Handel und fanden reißenden Absatz.Nach diesen erfolgreichen Victor-Aufnahmen beeilte sich die Columbia, die Aufnahmen vom 30. Januar am 31. Mai 1917 zu wiederholen: weitere „Takes" wurden aufgenommen, allerdings erst am 1. September 1917 auf den Markt gebracht. Dieses nur schwer durchschaubare Durcheinander bezüglich Aufnahme bzw. Veröffentlichung hat bis in die 50er Jahre hinein überall die irrige Überzeugung verfestigt, die veröffentlichten Victor-Aufnahmen vom 26. Februar und nicht die unveröffentlichten Columbia-Aufnahmen vom 30. Januar 1917 seien die ersten Jazzaufnahmen der Welt bzw. die ersten Aufnahmen der ODJB.

In jeder Hinsicht maßgebend und für die Weiterentwicklung des Jazz richtungweisend müssen aber die Victor-Aufnahmen angesehen werden. Sie erwiesen sich den Columbia-Aufnahmen in allem, zuvörderst in der Musik, überlegen, da es sich nun um bandeigene Stücke handelte, welche die ODBJ meisterlich intonierte. Der „Dixieland Jass Band One-Step" war wie ein Signal an die Menschheit, daß es nunmehr eine neue Art von Musik gab – den *Jass*, und die Komposition ist bis zum heutigen Tage einer der beeindruckendsten Klassiker der Jazzmusik. Die Rückseite, der „Livery Stable Blues" bzw. „Barnyard Blues" zeigte zum ersten Mal mit einer Art Tierstimmenimitation (Pferdegewieher der Posaune usw.) eine Verfremdung der gewohnten Instrumentalspielweise, die in gewisser Weise dem „Junglestil" späterer Orchester vorgriff und um 1917 ein großer Gag war. Sicherlich bewog diese Spielweise die ODJB später einmal (1921) auch zu einem Reklamespaß, im New Yorker Zoo vor Tieren zu musizieren. Diese Aufnahmen und all die weiteren herrlichen Einspielungen der ODJB, welche folgten, wurden Vorbilder für unzählige Tanz- und Ragtime-Orchester in ganz USA. Man begann die Musik der ODJB zu kopieren bzw. versuchte sie nachzuspielen; der Jazz breitete sich aus.

Eine weltweite Wirkung ging von den frühen ODJB-Aufnahmen aus, weil die Platten schon wenige Wochen nach der USA-Ausgabe auch in England und Frankreich von den Columbia-Schwesterfirmen *His Master's Voice* und *Disque Gramophone* auf den Markt kamen. Die Platten waren unter komplizierten Bedingungen hergestellt worden. Die Aufnahmetechnik war noch akustisch, ohne elektrische Mikrophone. Man spielte in riesige Trichter, die den Ton rein akustisch – gewissermaßen *pur* – in einen Schneidestichel leiteten. Gute Aufnah-

Etikett der ersten ODJB-Aufnahme vom 30. Januar 1917 (veröffentlichter >Take< vom 31. Mai 1917), aufgenommen von der Columbia Records Co., New York.

Etikett der ersten veröffentlichten (!) Schallplatte der ORIGINAL DIXIELAND JASS BAND auf der Marke >Victor< (Victor Talking Machine Co., Camden, N. J.) im März 1917. Plattenaufnahme vom 26. Februar 1917.

Etikett der ersten in Europa (England) veröffentlichten Columbia-Aufnahmen der ODJB.

men in dieser Weise zu produzieren kam bei den lauten Jass-Aufnahmen besonders hinsichtlich der Tonbalance einer Kunst gleich. Alles war genau berechnet: Das Kornett mußte 25 Fuß vom Trichter entfernt sein, die Posaune 15 Fuß, die Klarinette 5 Fuß und das Piano befand sich direkt unter dem Aufnahmehorn, während der Drummer seitlich davon saß. Die Blechinstrumente, gespielt von LaRocca und Eddie Edwards, wurden außerdem etwas erhöht auf einer Kiste plaziert, so daß der Ton dieser Instrumente praktisch in Aufnahmehöhe war. Es ist erstaunlich, was die alten Tonmeister mit dieser unzulänglichen Technik herausholen konnten, besonders Charles Sooey, der bewährte Toningenieur der Victor Co.

Nach den ersten ODJB-Aufnahmen bei der Victor Co. am 26. Februar kam es jedoch zu einem Mißton zwischen LaRocca und der Plattengesellschaft, weil diese anstatt „Barnyard Blues" „Livery Stable Blues" auf das Etikett gedruckt hatte und als Komponist somit Nunez galt. Dieser hatte jedoch seine Rechte am Grundthema dieses Stückes an LaRocca abgetreten, der die Komposition weiter ausgebaut und den „Barnyard Blues" daraus gemacht hatte. Kein Wunder, daß LaRocca einstweilen nicht gut auf die Victor Co. zu sprechen war. Aber die Band stand nunmehr so im Mittelpunkt des Interesses, daß sie vorerst kaum Zeit für Plattenaufnahmen fand, sie hatte genug zu tun, um ihren Engagements nachzukommen. Besonders nach dem Kriegseintritt der USA, am 6. April 1917, spielte die ODJB vor Tausenden von Soldaten und brachte dem Staat bei einer Vielzahl von Veranstaltungen über eine Million Dollar „War Bonds" (Kriegsanleihen) ein.

Erst im Juli 1917 schloß LaRocca wieder einen Vertrag mit einer Schallplattengesellschaft ab, und zwar mit der *Vocalion (Acolian-Vocalion) Record Company* in New York. Der Vertrag lautete zunächst auf zwanzig Titel, von denen die ODJB zwischen dem 29. Juli und 24. November 1917 allerdings nur elf, u. a. erstmalig den berühmten „Tiger Rag", aufnahm. Leider ließen sich die Schallplatten der Acolian-Vocalion Co., wie LaRocca und seine ODJB-Kollegen bald bemerkten, nur auf Spezialapparaten abspielen, da sie im sogenannten *Hill and Dale*-Verfahren (Berg- und Talverfahren) aufgenommen waren. Der Ton lag also auf dem Boden der Tonrille und nicht seitlich wie bei dem bis heute benutzten Vertikalsystem. Da die ODJB an einer möglichst weiten und zahlreichen Verbreitung ihrer Aufnahmen interessiert war und diese *Hill and Dale*-Aufnahmen schon damals einen relativ begrenzten Abnehmerkreis hatten, war der ODJB damit nicht gedient. LaRocca versöhnte sich wieder mit der Victor Co. und schloß einen neuen Vertrag ab.

So machte die ODJB zwischen dem 18. März und 17. Juli 1918 eine Reihe weiterer Aufnahmen, die sämtlich zu Meilensteinen der Jazzgeschichte auf

Die ODJB zur Zeit ihres Höhepunktes, 1917-18.

Schallplatten geworden sind, darunter die markanten Titel „At The Jazz Band Ball", „Ostrich Walk" und „Tiger Rag". Auch diese Platten erzielten geradezu phänomenale Umsätze überall in den Staaten, nicht nur bei Tanzbegeisterten, sondern auch bei Musikern. Unzählige Musiker schwarzer und weißer Hautfarbe träumten von dem sagenhaften Erfolg der ODJB und begannen sie nachzuahmen. Diese Platten aus den Jahren 1917 und 1918 begeisterten auch junge Musiker, die später einmal zu Jazz-Größen werden sollten: Louis Armstrong, Duke Ellington, Loring *Red* Nichols und Leon *Bix* Beiderbecke, um nur ein paar wichtige Namen unter den Hunderten zu nennen, die später ihren Weg im Jazz machten.

Der blutjunge Bix Beiderbecke übte nicht nur nach diesen Schallplatten auf seinem Kornett, er reiste aus seiner Heimatstadt Davenport extra nach New York, um LaRocca persönlich kennenzulernen. LaRocca nahm ihn unter seine Fittiche und gab dem jungen Mann manche Chance, in der ODJB gelegentlich mitzuspielen. Bis er eines Abends merkte, daß Bix sich als sein Sohn aus-

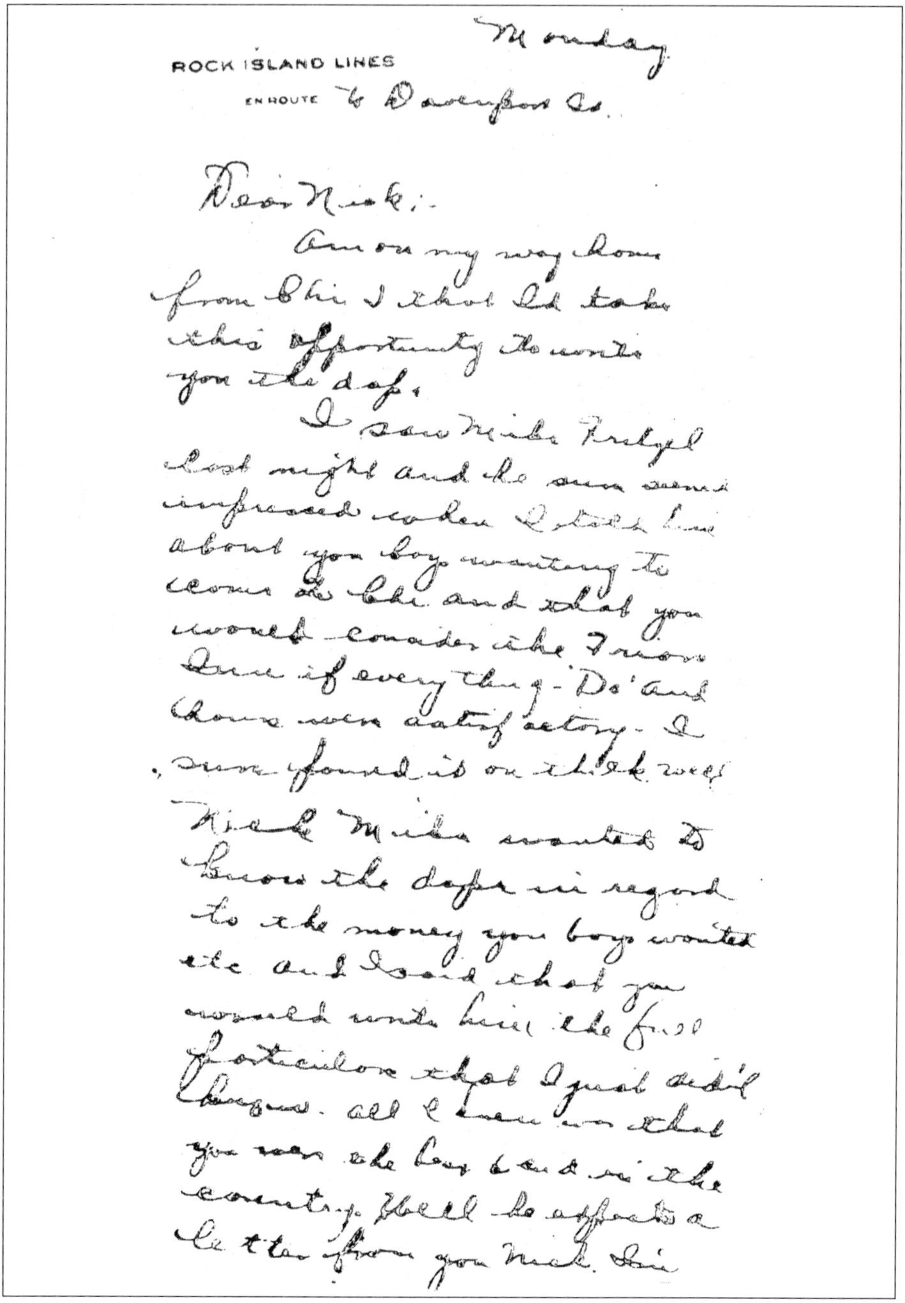

Monday

ROCK ISLAND LINES

EN ROUTE to Davenport Ia.

Dear Nick:-

Am on my way home from Chi. I thot I'd take this opportunity to write you the dope.

I saw Mike Fritzel last night and he sure seemed impressed when I told him about you boys wanting to come to Chi. and that you would consider the Friars Inn if everything - 'Do' and hours were satisfactory. I sure found it on the level.

Nick Mike wanted to know the dope in regard to the money you boys wanted etc. and I said that you would write him the full particulars that I just didn't know. All I knew was that you was the best band in the country. Well he expects a letter from you Nick. Sin

Brief des berühmten ODJB-Schülers Leon Bix Beiderbecke vom 22. November 1922 an Nick LaRocca, zwei Jahre bevor sich Bix *im Jazz einen Namen machte. Er schwärmte besonders für den Klarinettisten der ODJB (Larry Shields), den er für den >Besten<*

hielt. In dem Schreiben geht es um ein geplantes Engagement für die ODJB in Chicago.
– Später schilderten etliche Jazzautoren Bix Beiderbecke immer nur als Bewunderer
von King Olivers Jazzband, von Johnny Dodds und farbigen Musikern überhaupt.

gab, um auch nachts mit der ODJB zusammen zu sein. Da LaRocca Ärger mit der Polizei befürchtete, weil Bix noch minderjährig war und sich nachts nicht in einem Nightclub aufhalten durfte, schob er ihn in aller Freundlichkeit nach Davenport ab. Noch viele Jahre danach blieb Bix Beiderbecke, der um 1923/24, als er bei den WOLVERINES mitspielte, seinen eigenen typischen Stil entwikkelte, in Dankbarkeit mit seinem großen Lehrmeister verbunden und schrieb begeisterte Briefe an LaRocca. Etliche Plattenaufnahmen, die Bix Beiderbecke mit seiner „Gang" anno 1927 aufnahm, waren eine Hommage an die ODJB, mit teilweiser Kopie des LaRocca-Trumpetlead (Trompetenführung).

Auch Frank Guarente kam eines Tages (1919) zu LaRocca und bat ihn buchstäblich unter Tränen, ihm, dem in klassischer Musik ausgebildeten Trompeter, Jazzmusik beizubringen (was auch von Frank Guarente jun. dem Autor gegenüber 1956 bestätigt wurde). Guarente, der dann ab 1922 seine GEORGIANS JAZZ BAND (eine Hot-Formation des großen Tanzorchesters von Paul Specht) leitete, lernte während der Europatournee der ODJB (1919/20) von King Oliver, daher vereinigte sein Spiel beide Stile der großen Trompeter. Und King Oliver, der sich nach 1919 vom Ragtime ab- und dem Jazz zugewandt hatte, sollte – zumindest in den Jahren 1922 bis 1924 – der beste schwarze Kornettist werden – bis ihn Louis Armstrong sehr bald entthronte. Aber das war dann zu einer Zeit, als sich die Kollektivspielweise mit Solo-Breaks im Jazz dem Ende zuneigte und der immer mehr ausgedehnten Solistik Platz machte. Die Jazzmusik begann sich zu ändern, längere Solistik wurde Trumpf – vor allem nach 1924.

Der Ruhm der ODJB aus dem „Dixieland" hatte im fernen New Orleans viele farbige und weiße Ensembles nicht ruhen lassen, sie machten sich auf, ihr Glück ebenfalls im Norden zu versuchen. Unter den ersten waren die farbigen Bands der SEVEN KINGS OF RAGTIME und die CREOLE BAND (bzw. das ORIGINAL CREOLE ORCHESTRA FROM NEW ORLEANS) in der Besetzung: Kornett, Klarinette, Violine, Gitarre und Drums, mit Freddie Keppard: Kornett. Als wirkliche Jazzbands wurden diese Orchester jedoch nicht anerkannt und blieben entsprechend erfolglos, wie schon an anderer Stelle vermerkt. Alle weiteren Bands aus New Orleans, die zwischen 1917 und 1922 im Norden nach ihrem Glück Ausschau hielten, boten ebenfalls keinen Jazz und kehrten zumeist nach New Orleans zurück, während einige wenige von ihnen nach Chicago gingen und nur dank einer mehr oder weniger getreuen Kopie der ODJB später Erfolg hatten, wie vor allem die CREOLE JAZZ BAND von Joe King Oliver, aber auch die frühe kalifornische Band von Edward Kid Ory, das SUNSHINE ORCHESTRA.

Im amerikanischen Osten, in New York, standen im Jahre 1917 die farbigen Ensembles der neuen Musik jedoch hilflos gegenüber und „verschwanden über Nacht vom Broadway" (LaRocca), da einige weiße Ensembles die ODJB vorerst erfolgreicher nachahmten, so vor allem die FAMOUS JAZZ BAND von Earl Fuller – unter der Leitung des Klarinettisten Ted Lewis -, die wie die ODJB vor ihr im *Reisenweber*-Gebäude gastierten. Ferner die Tango-Band von Ernest Borbee, jedoch mit wenig überzeugenden Versuchen, die ODJB zu kopieren, und dann die schon mehr überzeugenden Fünfergruppen der LOUISIANA FIVE von Anton Lada und die NEW ORLEANS JAZZ BAND von Jimmy Durante. Zu den besten Bewältigern der *LaRocca/ODJB-Schule* gehörten ab 1919 die ORIGINAL MEMPHIS FIVE von Phil Napoleon, die in Notfällen sogar die ODJB vertreten durfte, und ab 1922 die ORIGINAL INDIANA FIVE von Tom Morton (s. Kap. III). All diese Gruppen wurden später von Jazzautoren als „New York Jazz"-Schule eingestuft, was nur unter gewissen Vorbehalten korrekt ist. Die echten New Orleanser (Ragtime-)Bands – so LaRocca – hatten eigenartigerweise nicht das Talent, die ODJB erfolgreich nachzuahmen, darunter auch die weißen Kapellen von Happy Schilling und Johnny DeDroit. Beide profitierten später von den Kompositionen und Arrangements Nick LaRoccas und der ODJB und schrieben in den frühen 20er Jahren lange Dankesbriefe an LaRocca. Desungeachtet brachte es Johnny DeDroit unfairerweise fertig, 1924 den „Tiger Rag" als „Number Two Blues" *umzufunktionieren*, was sicher zur Legende der „Tiger Rag"-Herkunft à la Jelly-Roll Morton beitrug.

Als die ersten Schallplatten der ODJB nach New Orleans gelangten und wenig später aus dem Norden zurückkehrende Orchester versuchten, den Jazz in New Orleans einzuführen, kam es in der Presse zu wütenden Protesten gegen diese neue wilde Musik. Die New Orleanser Zeitung *New Orleans Picayune* brachte am 20. Juli 1918 den Artikel *Jass and Jassism*, in welchem es hieß: „In Sachen Jass steht New Orleans besonders im Mittelpunkt, da angenommen wird, daß diese Form von musikalischem Laster hier geboren sei [dank der New Orleans-Herkunft der ODJB!]. Wir nehmen die Ehre dieser Elternschaft nicht zur Kenntnis; aber mit solch einer Story im Umlauf geziemt es sich, als Letzte diese Scheußlichkeit in guter Gesellschaft zu akzeptieren, und wo sie [die Jazzmusik] auch immer auftaucht, sollten wir es als Ehrensache ansehen, sie zu unterdrücken. Ihr musikalischer Gehalt ist gleich Null, und ihr Schaden hingegen kann groß sein." So urteilte man in der angeblichen „Jazzstadt" New Orleans um 1918 noch über den Jazz. Das Echo der Leser war entsprechend.

In jener Zeit, Mitte 1918, machte die ODJB in New Orleans gerade für einige Wochen Urlaub und wollte bei dieser Gelegenheit einen neuen Posaunisten als Ersatz für Eddie Edwards suchen, der in die Armee einberufen war. Hier fand Nick LaRocca schließlich Emile Christian, der das Spiel von Edwards hinreichend studiert hatte und mit der Band nach New York ging, wo

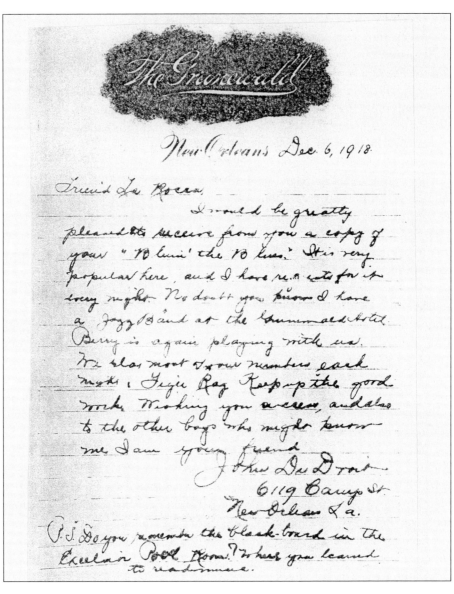

Brief des New Orleanser Kornettisten und Ragtime-Musikers Johnny De Droit an Nick LaRocca vom 6. Dezember 1918. Darin bittet er LaRocca um die Noten von >Bluin' The Blues<, einem ODJB-Hit; zugleich schwärmt er für den Tiger Rag, *denn „wir spielen die meisten Deiner Stücke". Was ihn dann jedoch sechs Jahre später, Anfang 1924, nicht hinderte, mit seiner New Orleans Jazz Band diese berühmte LaRocca-Komposition in den >Number Two Blues< umzuwandeln, was ihm LaRocca übel vermerkte.*

die ODJB ihre Triumphe fortsetzte. Neben den üblichen Engagements spielte die Band auf Parties, Bällen und zu politischen Anlässen und machte in jeder Nacht 100 Dollar nebenbei, die dann in der *Sugar Can* (Blechbüchse) lagen, die LaRocca als Tondämpfer für sein Kornett benutzte. Die Schallplattenfirmen hatten inzwischen das Wort *Jass* in *Jazz* geändert, da viele junge Leute – wohl aus Jux oder weil sie gegen diese Musik eingestellt waren – auf den Schallplattenetiketten das J wegradiert oder übermalt hatten und somit ein obszöner Sinn entstanden war.

Im Winter 1918 gastierte die ODJB wieder im New Yorker *Reisenweber*, aus dem gerade einige Zeit zuvor der Posaunist Tom Brown mit seiner New Orleanser Band The Five Rubes Of Ragtime schon nach dem ersten Stück gleich wieder entlassen – oder richtiger: gefeuert – worden war, da er keinen Jazz präsentieren konnte, wie angekündigt, sondern nur den üblichen Ragtime. Später jedoch spielte sich Tom Brown als „weißer Jazz-Pionier" auf (s. auch Kap. III).

Vor Weihnachten 1918 erkrankte der Pianist Henry Ragas plötzlich sehr ernst. LaRocca bemühte sich verzweifelt um einen gleichwertigen Ersatz, da Albert de Courville, ein Londoner Impresario, die ODJB für eine England-Tournee engagiert hatte, die kurz bevorstand. Der Ersatz für Ragas war schwer zu finden, da LaRocca als Pianisten einen *Faker*, den er für die Musik der ODJB *einbrechen* konnte, suchte. Erst versuchte er es mit Billy Hollander und Sidney Landsfield, aber beide scheiterten. Daraufhin ließ er extra Eddie Shields aus New Orleans kommen, aber dieser beherrschte nur den üblichen Ragtime-Beat und konnte sich nicht in den Two-Beat der ODJB einspielen. Nach einigen weiteren Versuchen mit New Yorker *Songpluggers* (Pianisten in Musikverlagen, die dort die neuesten Hits vorführten) fand er endlich J. Russel Robinson, der alle Stücke der ODJB auswendig kannte und ein ausgesprochener Fan der Band war. Er hatte nämlich die Schallplatten der Band pianistisch begleitet, als er mit seinem Bruder durch den Süden der Vereinigten Staaten getingelt war.

Es war auch höchste Zeit, daß endlich ein guter Ersatz für Henry Ragas gefunden war, denn dieser starb in der Nacht vom 18. zum 19. Februar 1919, im Beisein von LaRocca, Larry Shields und Tony Sbarbaro – ein Schock für alle. Die neuformierte Band hatte gerade noch etwas Zeit, sich im *Reisenweber* und bei Shows einzuspielen. Dabei erwies sich J. Russel Robinson nicht nur als guter Pianist, sondern später auch als begabter Komponist, dessen Melodien wie „Margie" und „Palesteena" Welthits wurden. Aber auch der Posaunist Emile Christian, der später – als Mitglied der Bands von Eric Borchard und Lud Gluskin – die Botschaft des Jazz in Europa, u.a. auch in Deutschland, verbreitete, bewies sich als würdiger ODJB-Solist.[24]

Die ODJB 1919 in London. V. l. n. r.: J. Russel Robinson, Larry Shields, Nick LaRocca, Emile Christian, Tony Sbarbaro.

Nach einer kurzen Einspielzeit der neuformierten ODJB ging es nun nach England. Am 1. April 1919 traf die Band in der Besetzung LaRocca, Christian, Shields, Robinson und Sbarbaro in Liverpool ein und fuhr von dort mit dem Zug nach London weiter. Hier mußte die Band in den Umkleidekabinen des Hippodrome-Theaters übernachten, da man ihr Kommen nicht so frühzeitig erwartet hatte und die Hotels noch voller Soldaten waren, darunter viele Amerikaner, die auf ihren Rücktransport in die Heimat warteten. Tags darauf gab es Fleischmarken bzw. Fleischkarten, da einige Lebensmittel in England noch rationiert waren. Die ODJB wurde registriert und bekam ihren Vertrag von Albert de Courville, der sie in der Revue „Joy Bells" herausstellen wollte. Man *verstärkte* die Band durch den Tänzer Johnny Dale und die Sängerin Mabel James, die für das Optische zu sorgen hatten. Am 5. April 1919 war Galaeröffnung mit der ODJB. In zwei Vorstellungen brachte die ODJB „fast das Haus zum Einsturz" und versetzte die kühlen und verwöhnten Londoner in Raserei. Lang anhaltender Beifall bescherte der Band einen Vorhang nach dem anderen, bis George Roby, der eigentliche Hauptdarsteller der Revue, voller Eifersucht den Vorhang beinahe auf die Köpfe von LaRoccas Mannen sausen ließ. Roby beschwerte sich unter Kündigungsandrohungen bei de Courville, und dieser gab der ODJB, um des Friedens willen, ein neues Engagement im *Palladium*, dem großen Showtheater in der Nähe des Oxford Circus, wo sie ihren Triumph fortsetzte.

Die ODJB und der Jazz begannen England und damit Europa zu erobern. Die Presse war geteilter Meinung, aber durchaus wohlgesonnen – im Gegensatz zu den USA. Die Berichte waren oftmals erheiternd wie: „Die ORIGINAL DIXIELAND JAZZ BAND – das Alpha und Omega der bolschewistischen Gesetzlosigkeit in der Musik – nahm die *Glocke* [steifer Hut] eines Journalisten und steckte sie auf die Enden der Klarinette, Posaune und vom Kornett, um ihn wohl mit aller Gewalt wegzublasen."[25] Einen anderen Journalisten verulkte LaRocca, und es hieß dann: „Mr. LaRocca sagte: ‚Der Jazz ist die Meuchelei, die Ermordung und Erschlagung der Synkopation. Tatsächlich ist dies eine Art Revolution in der Musik ... ich gehe sogar so weit zu gestehen, daß wir Musikanarchisten sind ... wir sind sogar noch mehr, gefährlich und treulos, im musikalischen Sinne natürlich ...!‘ ‚Dann sind sie also Bolschewisten der Musik'", stöhnte der Reporter.[26] „Klappern gehört nun mal zum Handwerk", und LaRocca verkaufte seine ODJB im richtigen Sinne an die Presse, die ja stets für jeden Aufmacher zu haben war und ist. Auf der Bühne hingegen lehnte die ODJB – im Gegensatz zu farbigen Bands – jede Clownerie und Exaltiertheit ab. Die einzige Konzession, die LaRocca in London zuließ, war das Aufsetzen von Zylinderhüten (top hats) mit den Buchstaben D.I.X.I.E., wie es der Manager aus Werbegründen, vor allem für Fotos, wünschte.

Die normalerweise nicht so schnell sich für irgendwelche Neuigkeiten erwärmenden und schon gar nicht begeisternden Engländer befreundeten sich mit der neuen sensationellen Musik erstaunlich rasch. Junge englische Tanzkapellenleiter umlagerten den Bandstand der ODJB und studierten eifrig diese neue Musik, genannt *Jazz*. England sollte später die längste Jazztradition aller europäischen Länder bzw. aller Länder außerhalb der USA aufweisen. Obendrein deutete die Modernisierung der angelsächsischen Tanzmusik jener Zeit schon auf den kommenden Jazz hin, so daß englische Tanzorchester – nach den Amerikanern – den Jazz am schnellsten erfaßten und interpretierten.

Nach knapp drei Wochen , am 16. April 1919, konnte die ODJB in London schon ihre ersten Schallplattenaufnahmen – „Barnyard Blues" und „At The Jazz Band Ball" – für die englische *Columbia Graphophone Company* machen. Gleichzeitig schloß LaRocca mit dieser Plattenfirma einen Vertrag für eine ganze Reihe von 12-inch(30 cm)-Platten ab, die dann in drei Sitzungen am

Die ODJB im Januar 1920 in London. V. l. n. r.: Billy Jones, Larry Shields, Nick LaRocca, Emile Christian, Tony Sbarbaro.

12. und 19. Mai sowie am 13. August 1919 produziert wurden (neben den Aufnahme vom 16. April auch noch die Titel „Ostrich Walk", „Look At ʻEm Doing It" und „Tiger Rag" sowie „Satanic Blues").

Auch nach Beendigung des Vertrages mit Albert de Courville blieb die Band ihres großen Erfolges wegen in England und arbeitete für Mitchell & Booker im *Rector's Club* in der Tottenham Court Road im südlichen Londoner Westend. Als J. Russel Robinson von einem Tag auf den anderen wegen einer schweren Erkrankung seiner Frau in die USA zurückkehren mußte, verpflichtete LaRocca an seiner Statt den jungen Engländer Billy Jones. Jones, ein guter Ragtime-Pianist, aber auch ein großer Bewunderer der ODJB, hatte in all den Wochen viel von der ODJB gelernt und das Spiel Robinsons abgelauscht, und so war er denn ein guter Ersatz und LaRocca recht zufrieden mit ihm. Ab Januar 1920 machte er auf den Columbia-Schallplattensitzungen mit. Billy Jones wurde somit quasi Englands Jazzpionier Nr. 1.

Der Höhepunkt für die ODJB in England war ohne Zweifel der große „Victory Ball" bzw. der große Ball anläßlich der Unterzeichnung des Versailler Vertra-

DANCE AT HOME WITH ALL
THE LATEST DANCE SUCCESSES
PLAYED BY THE

ORIGINAL
DIXIELAND
JAZZ BAND

ON

COLUMBIA RECORDS

All the Latest as at the Palais de Danse

The ORIGINAL DIXIELAND JAZZ BAND Records Only for

Columbia

On Sale at all Music Dealers. Lists free from COLUMBIA, 102-108 Clerkenwell Rd., E.C.1

Werbung für die ODJB in England, 1920

65

ges, der sich später als so unselig erwies. Lassen wir LaRocca berichten: „Die gekrönten Häupter Europas waren anwesend, der König und die Königin von England, der König von Belgien, Marschall Foch mit seinem Stab, General Pershing mit seinem Stab und all die vielen Standespersonen. Wir sollten zum Tanz spielen, nachdem die 50 Mann starke Marinekapelle sämtliche alliierten Nationalhymnen gespielt hatte. Als wir dann den Bandstand besetzten und mit dem *Tiger Rag* losbrachen, nachdem wir uns mit dem *Sternenbanner (Star & Stripes forever)* eingeführt hatten, war das ganze Haus in Aufruhr, weil ganze fünf Mann mehr Lärm machen konnten als die 50 Mann der Marineband. Ich habe nie so viele alte Damen gesehen, welche uns durch Lorgnetten anstarrten, nie habe ich so viele Juwelen, Orden, Schmuck und Epauletten auf einen Haufen gesehen und dazu noch all die feinen Garderoben. Es war wie ein Traum, und wir spielten bis 3 Uhr morgens, während der Champagner wie Wasser floß."[27]

Am 8. und 10. Januar sowie am 14. Mai 1920 produzierte die ODJB weitere Plattenaufnahmen, mit Billy Jones am Klavier, für die englische Columbia Co. („My Baby's Arms", „Tell Me", „I've Got My Captain Working For Me", „I'm Forever Blowing Bubbles", „Mammy O'Mine", „I've Lost My Heart In Dixieland", Sphinx", „Alice Blue Gown" und „Soudan"). In den verbleibenden neun Monaten in England spielte die Original Dixieland Jazz Band mit gleichbleibendem Erfolg im *Palais de Danse* im Londoner Stadtteil Hammersmith.

Nach dem dreizehn Monate währenden Triumph in England schifften sich LaRocca, Shields und Sbarbaro am 8. Juli 1920 auf der *S. S. Finnland* nach den USA ein, während Jones und Christian in London zurückblieben. Die Ankunft der ODJB am 18. Juli 1920 im Hafen von New York glich einem fürstlichen Empfang. Viele Persönlichkeiten, die im amerikanischen Musikleben einen Namen hatten, sandten Telegramme, darunter auch Paul Whiteman, der ein großer Bewunderer der ODJB war und sie in seiner Anfangszeit vergeblich zu imitieren suchte – bis er sich schließlich dem *symphonischen Jazz* widmete und damit weltberühmt wurde.

In New York kamen wieder Eddie Edwards und J. Russel Robinson in die Band zurück. Ab 25. September 1920 spielte sie im angesehenen *Folies Bergere*, im *Winter Garden Building* am Broadway, und begleitete die bekannte Tänzerin Gilda Gray, das weibliche Idol der 20er Jahre. Es folgten weitere Schallplattenaufnahmen für die Victor Co., die der ODJB jedoch einen Saxophonisten, Bennie Krueger, aufnötigte, da Anfang der 20er Jahre irgendwie das Saxophon zum Modeinstrument geworden war. LaRocca sagte später: „Das [Saxophon] ruinierte beinahe unsere Band!" Immerhin gelang es ihm, den hochbegabten Krueger mehr in die Rhythmusgruppe als in die Frontlinie einzubau-

Die ODJB gibt am 21. April 1921 ein >Konzert< im New Yorker Zoo, um die Wirkung von Jazzmusik auf Tiere zu beobachten. Ein Werbegag von damals.

en. Nach einer Probesitzung am 13. September 1920 entstanden zwischen November und Mai 1921 eine Reihe weiterer Jazzklassiker wie „Margie", „Palesteena", „Crazy Blues", „Royal Garden Blues" und „St. Louis Blues", Aufnahmen, die trotz des Saxophons immer noch besser waren als alles, was es bis dahin an Jazz auf Schallplatten gab. Dabei verhalf LaRocca mit seiner Version des „St. Louis Blues" dem *Vater des Blues*, W. C. Handy, zum Ruhm: der „St. Louis Blues" wurde ein Welterfolg (s. auch Kap. III). Überhaupt förderte LaRocca farbige Musikerkollegen, wo er konnte, indem er ihre Kompositionen in das Repertoire der ODJB aufnahm und bekannt machte. Wäre er der eingefleischte Rassist gewesen, als den ihn später einige übelwollende Jazzpublizisten darstellten, hätte er sich gewiß anders verhalten.

Im Mai 1921 wurde J. Russel Robinson im Einverständnis aller Bandmitglieder aus ODJB entlassen, weil Robinson sein Versprechen, die ODJB am Erfolg seiner Komposition „Margie" partizipieren zu lassen, nicht gehalten hatte. Der Pianist Frank Signorelli, der später vor allem mit den Original Memphis Five berühmt wurde, erwies sich als gleichwertiger Ersatz. Mit Erfolg wirkte die ODJB dann im *La Marne Cabaret* in Atlantic City, New Jersey, mit. Hier hatte gleichzeitig auch die schon damals berühmte Sängerin Sophie Tucker Auftritte, dennoch stand nicht ihr Name an der Fassadenfront des Cabaret-Gebäudes, sondern nur der der Original Dixieland Jazz Band in großen Lettern.

Bis die Band wieder in New York spielte, sollte einige Zeit vergehen, da dort inzwischen der Auftritt von Jazzbands nach Mitternacht per Gesetz verboten war. Nicht zuletzt standen Frauenverbände und sauertöpfische Senatoren dahinter, die das Verbot damit begründeten, Jazzbands – allen voran die ODJB – würden die Moral junger Mädchen erschüttern. Dadurch konnten Jazzbands in New York nur zwei bis drei Stunden vor Mitternacht auftreten und wurden dementsprechend schlechter bezahlt. Am meisten litt die ODJB darunter, die zu dieser Zeit die höchstbezahlte Band der Welt war. Aber LaRocca hatte seinen Stolz, er verließ mit seiner ODJB New York und ging auf Tournee, u. a. nach Atlantic City. Andere Bands konnten nicht so anspruchsvoll sein und spielten trotz schlechter Bezahlung in New York, so die junge Original Memphis Five (OM5).

1922 kam die ODJB nach einer Tournee durch Pennsylvania und New England nach New York zurück und formierte sich neu, da Larry Shields aus Heimweh nach seiner Familie zu dieser zurückkehrte und mit ihr schließlich nach Kalifornien zog. Shields wurde durch Jimmy Lytell (Sarrapede), einem langjährigen Mitglied der OM5, ersetzt, hinzu kam der Bassist Harry Barth. Diese Besetzung spielte in Sixti Busonis *Balconades Ballroom* mit üblichem Erfolg, nahm aber keine Schallplatten auf. Als LaRocca für fünf Wochen erkrankte, mußte er die ODJB aussetzen lassen. Während dessen formierte sich die OM5 wieder neu, indem Lytell und Signorelli mit Phil Napoleon, Miff Mole und Jack Roth zusammengingen und die Musik der ODJB, die sie nun gelernt hatten, weitertrugen (s. auch Kap. III). Als LaRocca genesen war, ersetzte er den Klarinettisten Jimmy Lytell durch Artie Seaberg und den Pianisten Frank Signorelli durch Henry Vaniselli. Für Schallplattenaufnahmen auf der Marke *OKeh* der *General Phonograph Corporation* Anfang 1923 kam noch der Saxophonist Don Parker hinzu. Für OKeh nahm die ODJB nur vier, jedoch jazzmusikalisch wieder unvergleichlich brillant vorgetragene Titel auf, darunter vor allem den „Toddlin'Blues" und eine weitere Version des guten alten „Tiger Rag". In dieser Zeit spielte die ODJB im *Danceland* und im *Rosebud Ball Room* in Coney Island, dann wieder in den *Balconades Ballroom*. Danach folgte eine weitere Tour mit Eintagsengagements (One-Nighters) durch die New England-Staaten, bis nach Bangor, Maine.

KAHN BROTHERS
OFFERING

JACK BEGGS, Manager
JACK RENAHAN, Asst. Mgr.

R⊙SEVUE
BALL-ROOM

Beach 69th St. & B'dw'k, Arverne, L. I.   (Gaston Avenue Station)
DIRECTLY ON THE OCEAN FRONT

THE PLACE "SELECT" OF THE ROCKAWAYS
NEW YORK CITY'S MOST BEAUTIFUL SUMMER RESORT

OPENS SAT. EVE., JUNE 24th

*Why Dance to Imitators-When You Can Dance to
the Originators of Jazz Music*

TWO ORCHESTRAS   **CONTINUOUS DANCING**
FEATURING
THE WORLD'S INIMITABLE CREATORS
OF JAZZ MUSIC

Original Dixieland Jazz Band

DANCING
EVERY
NIGHT
FROM
8 P. M.
TO
1 A. M.

NO
EXTRA
CHARGE
FOR
DANCING

HIGHEST PRICED BAND IN AMERICA
THE BAND THAT MADE DANCING THE RAGE
THROUGHOUT THE WORLD

Assisted by Rosevue Society Orchestra   International Famous Players

Reklameblatt für die ODJB, Juni 1921

NEW ENGLAND TOUR OF THE
Sensational Favorites of Two Continents

ORIGINAL DIXIELAND JAZZ BAND

FIRST VICTOR RECORD JAZZ STARS

DIRECT FROM 'DANCELAND,'
NEW YORK

D. J. (NICK) LA ROCCA
Leader

Mechanic's Hall, Boston, Apl. 14

Jazz Jubilee and Contest for DIXIELAND Silver Trophy

5732   ADMISSION $1.00
Tax Paid 10c,   **$1.10**

Reklamekarte der ODJB während der New England-Tournee im April 1922.

1924 war die ODJB wieder in Busonis *Balconades Ballroom* zu hören, wo sie die ORIGINAL MEMPHIS FIVE ablöste. Aber die ODJB und vor allem LaRocca waren völlig erschöpft. Monatelang waren sie unterwegs gewesen, hatten sich kaum eine Pause gegönnt, da sie sich vor Angeboten kaum hatten retten können. LaRocca suchte einen Arzt auf und bekam von ihm den dringenden Rat, sofort aufzuhören, er brauche frische Luft und ein gesundes Leben, wenn er nicht in der Irrenanstalt enden wollte. Diesen harten Worten des Arztes konnte sich LaRocca nicht verschließen, er beendete das Engagement in New York und kehrte nach New Orleans zurück, wo er auch bald einen Nervenzusammenbruch hatte und sich schweren Herzens entschloß, die Musik völlig aufzugeben. Er war gerade 36 Jahre alt. Dem Autor vertraute er an, daß er sich nicht geschont hatte, vor allem was die holde Weiblichkeit anbelangt, die es ihm allzu leicht gemacht hatte. Im Alter sah er das als eine Sünde an, die sich bitter rächte und bis zum Tode seiner Gesundheit zu schaffen machte.

Auch die alte ODJB bestand nun nicht mehr. Vielleicht war das ganz gut, denn inzwischen hatte sich der Jazz gemausert, und es gab – vor allem ab 1923 – Innovationen und die Hinwendung zur Instrumentalsolistik, welche möglicherweise der ODJB den Status einer gewissen „Veralterung" oder Stagnation

Nick LaRocca, um 1922 in New York.

Die ODJB 1922 in New York. V. l. n. r.: Henry Vaniselli, Arthur Seaberg, Nick LaRocca, Eddie Edwards, Tony Sbarbaro.

Die erste in Deutschland veröffentlichte Schallplatte der ODJB (hier als AMERICAN-JAZZ-BAND). *Von den Berliner Lindström-Werken, Schlesisches Tor, im November 1923 auf den Markt gebracht.*

belassen hätte. Die ODJB hatte ihre einzigartige Pionierleistung vollbracht – und die konnte ihr keiner mehr nehmen.

Nick LaRocca ging nun in das ihm aus seiner Jugend her vertraute Baugewerbe zurück. Von 1925 bis 1936 arbeitete er mit großem Fleiß in seiner kleinen Einmann-Baufirma, errichtete mehrere Häuser in New Orleans, er mauerte, tischlerte, installierte selbst und war gleichzeitig der Elektriker. Im Baugewerbe war er genauso rastlos und schöpferisch wie in der Musik, um die er sich viele Jahre nicht mehr kümmern sollte. Und es sollte über zehn Jahre dauern, bis die gewohnte Bandbesetzung der ODJB noch einmal für ein paar Jahre zusammenfand.

Zwischenzeitlich leitete der Drummer Tony Sbarbaro eine Art *Nachfolgeband* der ODJB mit demselben anspruchsvollen Namen, die sich aber bald auflöste; er spielte dann in der Band von Lacey Young und anderen Gruppen und schlug sich recht und schlecht durch. 1935 produzierte er mit Bandmitgliedern des Posaunisten Russ Morgan einige Schallplatten, gleichfalls mit der Bezeichnung ORIGINAL DIXIELAND JAZZ BAND, denen aber – im Gegensatz zu den echten ODJB-Aufnahmen – kein Erfolg beschieden war. – Eddie Edwards leitete nach LaRoccas Rückzug aus der Musik ebenfalls eine eigene Band und spielte im *Rosemont, Silver Slipper* in New York und anderen Städten. Ende der 20er Jahre zog auch er sich vorläufig aus dem Musikgeschäft zurück, wurde Sporttrainer und Zeitungsstandbesitzer.

Schmerzerfüllt mußte LaRocca in den 30er Jahren zur Kenntnis nehmen, wie einige junge Jazzautoren die Jazzgeschichte auf ihre Weise zu rekonstruieren begannen und die überragende Rolle der ODJB entweder übersahen oder entstellten. Neue Musiker wurden zu wahren Jazzgöttern erhoben, und die Geschichte des Jazz zu einer gewaltigen Legende aufgebauscht, wie es schon im ersten Kapitel des Buches geschildert worden ist.

Nur „um es ihnen zu zeigen", wie sich LaRocca ausdrückte, nahm er 1936 ein Angebot von William (Will) Morris, einem New Yorker Agenten für Künstler- und Kapellenvermittlung, an, die alte ODJB wieder zusammenzustellen. Die Band sollte in dem Film der Paramount Pictures Inc., *The Big Broadcast of 1937*, mit Benny Goodmans Orchester zusammen spielen. Dieser Auftritt sollte aber nicht zustande kommen, weil zu lange Zeit verlorenging, bis LaRocca Eddie Edwards, Larry Shields, J. Russel Robinson und Tony Sbarbaro zusammenholen konnte – was ihn runde 2500 Dollar kostete, bevor der erste Ton hätte gespielt werden können. Die Drehtermine zu dem *Big Broadcast*-Film in Hollywood waren für die Monate Juli und August 1936 angesetzt, LaRocca hatte seine Band aber erst im August zusammen. Für den Film war es demnach zu spät, nicht aber für neue Schallplattenaufnahmen. Wiederum hatte sich die Victor Co. gemeldet und nahm die ODJB unter Vertrag.

Nick LaRocca hatte zunächst einige Mühe, wieder zu musizieren, sein altes Kornett war regelrecht eingerostet, und er mußte sich ein neues Horn besorgen. Nach einigen Proben und Übungen waren die fünf alten Jazzmeister wieder *drin*. Sie nahmen noch Harry Barth als Bassisten hinzu und spielten zunächst im Radio. Danach folgten die ersten Plattenaufnahmen der Originalgruppe seit rund fünfzehn Jahren, zunächst jedoch inkorporiert in einer 15köpfen Bigband-Besetzung. Dabei war es primär ein Anliegen LaRoccas, den Beweis zu erbringen, daß er die damals noch neue Swingmusik der Epoche genauso gut beherrschte wie der sogenannte *King of Swing*, Benny Goodman. Falls diese ODJB-Bigband im Film aufgetreten wäre, hätte sie möglicherweise Goodman die Show gestohlen. So blieb es bei Radioauftritten und Schallplattenaufnahmen. Von der gefährlichen Klarinettenkonkurrenz eines Larry Schields, der ja einst das große Vorbild für Goodman gewesen war, ganz abgesehen. Benny Goodman selbst, der bei Plattenaufnahmen der ODJB anwesend war, bekannte zu LaRocca: „Nick, deine Jungs haben immer noch etwas, was kein anderer hat." Und als Goodman, der die ODJB verehrte, diese in seiner Radio-Show einmal präsentierte und der Beifall der Gäste im Studio zwei Minuten andauerte, sagte er scherzend zu LaRocca: „Das ist das letzte Mal, daß ich sie [die ODJB] im Programm habe!"

Auf den zunächst eingespielten Bigband-Aufnahmen der ODJB am 2. September, als NICK LaROCCA AND THE ORIGINAL DIXIELAND JAZZ BAND bezeichnet, spielte – neben LaRocca, Shields, Robinson und Sbarbaro – ein Studiopersonal von elf Mann, welches die altbekannten ODJB-Hits, wie „Tiger Rag", „Bluin'

Die ORIGINAL DIXIELAND JAZZ BAND im Jahre 1936. V. l. n. r.: J. Russel Robinson, Eddie Edwards, Tony Sbarbaro, Nick LaRocca, Larry Shields, Harry Barth.

The Blues", „Ostrich Walk" usw., in Swingmanier à la Goodman darbot. Die Arrangements lehnten sich stark an die Arrangierkunst von Larry Clinton an und waren zumeist von Junie Mays. Es waren sehr gute Swingaufnahmen, aber nichts Außergewöhnliches, wenngleich nur wenige Bigbands zu jener Zeit (1936) so modern spielten. Die Qualität entsprach der Bigband-Musik der Bands von Benny Goodman, Tommy Dorsey oder von Fletcher Henderson im Jahre 1936.

Vier Wochen nach den ersten Bigband-Einspielungen folgten am 25. September 1936 jedoch weitere Aufnahmen in der originalen Fünf-Mann-Besetzung der ODJB, diesmal als ORIGINAL DIXIELAND FIVE. Diese Aufnahmen – „Clarinet Marmelade", „Bluin' The Blues", „Tiger Rag", „Barnyard Blues" und „Original Dixieland One-Step" – zeigen die echten Qualitäten der alten Kämpen. Die moderne, elektrische Aufnahmetechnik stellte ihre Kunst des Kollektivspiels so recht heraus und dürfte jeden Jazzliebhaber überzeugen, wie überlegen die ODJB sogar noch 1936 allen gleichartigen Jazzensembles war. Der glasklare Klang von LaRoccas Trompete und der scharfe Drive, mit der LaRocca die Band antrieb, war bzw. ist wohl kaum mit dem Sound eines „Zirkustrompeters" (J. E. Berendt) abzuqualifizieren. Das meisterliche Posaunenspiel von Edwards und die brillanten Klarinettenbreaks von Shields, unterstützt vom swingenden Rhythmus von Robinson und Sbabaro, bilden zusammen mit dem Spiel von LaRocca eine tonsichere Einheit, über die man nur staunen kann, wenn man bedenkt, daß diese Musiker seit über einem Jahrzehnt nicht mehr zusammengespielt hatten. Jedoch, damals war man mitten in der Ära des (Bigband-)Swing – die Musik der ODJB war *veraltet* -, und es schien für ein Revival des alten Jazz bzw. für ein Dixieland-Jazz-Revival zu früh zu sein. Erst 1939 sollte Francis L. *Muggsy* Spanier (s. auch Kap. IV) mit ODJB-Kopien einen achtunggebietenden Erfolg haben. Doch zum eigentlichen Dixieland-Jazz-Revival kam es dann erst viele Jahre später.

Trotzdem setzte sich die ODJB im Jahre 1936 wieder durch und fand große Beachtung. Sie spielte in der *Ken Murray Show* und danach in zahlreichen Theatern in und um New York, u. a. im bekannten *Paramount Theater*, außerdem in Washington, Chicago, Milwaukee, Buffalo und Cincinnati.

Im Januar 1937 machte die amerikanische Monatsschau *March of Time* Filmaufnahmen mit der ODJB (LaRocca, Edwards, Shields, Robinson und Sbarbaro) für eine Dokumentation der Musik in den USA. Folgerichtig hatten die Verantwortlichen der Monatsschau die Musik der ODJB als den Beginn des Jazz erkannt und präsentierten in dem Feature „The Birth of Swing" (denn zu jener Zeit wurde Jazz auch oft als Swing bezeichnet) Nick LaRocca, wie er seine alte Band wieder zusammenstellte und die ODJB in einer nachgestellten, originalgetreuen Rekonstruktion, wie einst im Jahre 1917 die ersten Jazzschall-

Die einzige ODJB-Aufnahme, die als >Special-Kopplung< des Alberti-Musikhauses, Berlin, während der NS-Zeit im Jahre 1937 veröffentlicht wurde. Die Rückseite war eine Aufnahme des Tommy Dorsey Orchesters (Maple Leaf Rag).

platten aufgenommen worden waren. Im Film sieht und hört man (Titel: „Tiger Rag", „Barnyard Blues" und „Clarinet Marmelade") die Band im alten Victor-Studio, mit dem alten Tontechniker Charles Sooey an der akustischen Aufnahmeapparatur mit Trichtern. Weitere Jazzgrößen und Spitzen-Swingmusiker in diesem Film sind Chick Webb, Red Norvo und Benny Goodman. Wenig später wurden von der Universal Pictures Co. weitere Filmaufnahmen mit der ODJB produziert, diesmal für den Zehn-Minuten-Film *It's on the Record*, in welchem die ODJB für etwa eine Minute zu sehen ist. Diese Filmaufnahmen sind heute ein film- und musikhistorischer Schatz, da die ODJB darin zum ersten und zum letzten Mal im Tonfilm, dessen Geburtsstunde erst 1927 erfolgt war, spielte. Ein früherer Film aus dem Jahre 1917, d.h. aus der Stummfilmzeit, konnte die ODJB nur ohne Ton zeigen.

Nach einer Reihe weiterer Engagements kam es Anfang 1938 bei der ODJB zu einem unter sehr individuellen Kollegen typischen Krach, auf den man hier nicht näher eingehen muß; Harry O. Brunn berichtet in seinem Buch sehr eingehend darüber. LaRocca, der über den Undank einiger seiner ODJB-Kollegen, vor allem Sbarbaro, sehr aufgebracht war, verließ kurzerhand die Band und ging - diesmal für immer – in seine Heimatstadt New Orleans zurück. „Sie hatten ein Vermögen in der Hand und warfen es weg!" sagte LaRocca. Ohne ihn, ohne den Kopf, war die Band verloren. Doch sollte es danach noch vielfältige Versuche geben, die ODJB wiederzubeleben und an ihren Ruhm anzuknüpfen.

Die ODJB während einer akustischen Aufnahmesitzung vor den Aufnahmetrichtern des Jahres 1917. Rekonstruktion vom Januar 1937 für den >March of Time<-Film. Im Hintergrund Charles Sooey, Aufnahmetechniker der Victor Co., der die ODJB schon in den Jahren 1917-1921 aufgenommen hatte.

Nach LaRoccas Weggang aus dem Musikleben übernahm zunächst Eddie Edwards die Leitung der Restbesetzung (neben ihm Shields, Sbarbaro und Signorelli), mit Sharkey Bonano als Trompeter anstelle von LaRocca. Die Band spielte Tagesschlager der Saison und verlor ihre alte Originalität. Eine Schallplattensitzung für die Billigmarke *Bluebird* der Victor Co. – als „ORIGINAL DIXIELAND JAZZ BAND WITH SHIELDS, EDWARDS AND SBARBARO" auf den Etiketten präsentiert – wurde im Februar 1938 produziert und zeigte eine mehr oder weniger kommerzielle Sieben-Mann-Band, mit Lola Bard als Vokalistin. LaRocca bezeichnete diese Musik als eine Art „Mickey Mouse Dixieland", die dem gewohnten Standard der klassischen ODJB nicht mehr entsprach. Bald löste sich diese Band auf.

Aber immer wieder versuchte Edwards zusammen mit Sbarbaro, das Banner der ODJB hochzuhalten, zeitweilig unter Hinzunahme alter ehemaliger Bandmitglieder wie Frank Signorelli und J. Russel Robinson. Bis auf einige

Schallplattenaufnahmen mit New Yorker Studiopersonal in den Jahren 1940 bis 1946 hatte diese späte ODJB jedoch nichts Bemerkenswertes mehr aufzuweisen. LaRocca kümmerte sich nicht mehr um sie. Mitte 1950 und im November 1960 spielten Edwards, Robinson und Sbarbaro in Radio-Shows wie *We The People* und *I've Got A Secret,* die zu Werbezwecken von der Kaffeefirma *Sanka Coffee* und der Zigarettenfirma *Winston Cigarettes* veranstaltet wurden – gewissermaßen das letzte Erscheinen einer ORIGINAL DIXIELAND JAZZ BAND. Als letzter ODJB-Musiker war Tony Sbarbaro noch bis in die frühen 60er Jahre tätig, u. a. mit Phil Napoleons wiederbelebter MEMPHIS FIVE-BAND und in der TV-Show *Chicago and all that Jazz.* Sbarbaro starb am 30. Oktober 1969 in Forest Hills, New York. Die anderen ODJB-Musiker lebten zu dieser Zeit alle nicht mehr: Larry Shields starb am 21. November 1953 in Los Angeles, Nick LaRocca am 22. Februar 1961 in New Orleans und Eddie Edwards am 30. September 1963 in Palmdale, Kalifornien. Ende der 60er Jahre starb ein weiterer ehemaliger, der ODJB für kurze Zeit angehörender Musiker: der Londoner Pianist Billy Jones: Er hatte im April 1936 mit seiner BILLY JONES AND HIS DIXIELAND BAND die wohl erste Dixieland-Revivalband – ganz im Sinne der ODJB – zusammengestellt und zwei bemerkenswerte Aufnahmen für die Parlophone Co., London, gemacht. Das war jedoch mitten in der großen Swingzeit, hatte als schon *veraltet* keine Chance auf dem Musikmarkt und traf damals auf Unverständnis. Man kann aber mit Nick LaRoccas Worten sagen, daß die Billy-Jones-Aufnahmen „der letzte Schatten der ODJB in Europa" war.

*

Da die Geschichte der ORIGINAL DIXIELAND JAZZ BAND untrennbar mit Nick LaRocca verbunden war, soll als Abschluß der ODJB-Historie noch einiges zu der Person Nick LaRocca und zu seinem Kampf um Gerechtigkeit gesagt werden.

Nach seinem Abschied aus dem aktiven Musikleben war Nick LaRocca wieder erfolgreich im Baugewerbe tätig und heiratete im März 1938 die blutjunge, erst achtzehnjährige Ruth Pitre, die ihm sechs Kinder schenken sollte, und lebte mit ihr bis zu seinem Tode 1961 glücklich zusammen. Erst viele Jahre nach der Hochzeit erzählte LaRocca seiner Frau von seiner großen Vergangenheit. In die väterlichen Fußstapfen als Musiker trat sein ältester Sohn James: Er spielte ebenfalls Kornett bzw. Trompete, jedoch als *Modernist.* Vater LaRocca tolerierte diese moderne Abart des Jazz, zu der sich sein Sohn hingewandt hatte, und meinte verständnisvoll: „Jeder junge Musiker hat das Recht, etwas Neues zu schaffen, genau wie wir es einst vor über 40 Jahren taten." Das war 1960.

Nick LaRocca – im Ruhestand – 1960
vor seiner Haustür in New Orleans mit
den selbstgefertigten Noten >Hold that
tiger< vom >Tiger Rag<.

Im Alter von 65 Jahren setzte sich Nick LaRocca zur Ruhe. Aber richtige Ruhe war ihm, dem lebhaften Geist, fremd. So baute er weiterhin als Hobby Garagen und Zäune, bis er im Winter 1957/58 an der asiatischen Grippe schwer erkrankte und an Herzattacken zu leiden begann – die „Sünden" der Vergangenheit, wie oben bereits erwähnt, machten sich bemerkbar und zwangen ihn, unter ständiger Aufsicht eines Arztes endgültig im Haus zu bleiben. Hier arbeitete er jedoch mit Hilfe seiner Frau und seinen älteren Kindern an weiteren Kompositionen, von denen er noch einige vor seinem Tode privat veröffentlichen konnte, u. a. „Float me down to New Orleans", „Give me that Love", „Basin Street Parade", „Irish Channel Drag", „Down in Old New Orleans", „Vieux Carré Parade", „Let's Jam It", „You name it", „Is it true", „Now everybody step" und die „Swampwater Ballade" mit der Lyrik von Ed T. Jones. Kurz vor seinem Tode sagte LaRocca dem Autor, daß er die Absicht hätte, rund fünfzig Kompositionen (inklusive der oben genannten) der Nachwelt zu hinterlassen: „Mein Kopf ist voller neuer musikalischer Einfälle." Es blieb bei der Absicht.

LaRocca hatte zwar schon im Jahre 1938 gegen die Behauptung von Jelly-Roll Morton, W. C. Handy und Tom Brown protestiert, sie hätten (jeder für sich) den Jazz quasi *erfunden* oder zuerst gespielt, aber erst im Ruhestand um 1954/55 begann LaRocca seinen eigentlichen Kampf gegen die Verleumder der ODJB aufzunehmen, was seiner Gesundheit nicht gerade förderlich war. Immerhin hatte er zunächst die Genugtuung, den angeblichen Einführer des

Wortes „Jazz", den weißen Posaunisten Tom Brown, gerichtlich belangen und als Lügner entlarven zu können. Tom Brown verstarb im März 1958 über diesem Fall als ein weiterer Verzerrer der Jazzgeschichte, er hatte nicht mehr mit LaRocca gerechnet.

Es mag auch wie ein Trost und eine Befriedigung für Nick LaRocca gewesen sein, als die Tulane Universität in New Orleans Ende der 50er Jahre begann, ein Jazzarchiv aufzubauen – um der Tradition einer „Jazz-Stadt New Orleans" gerecht zu werden. Er spendete über 2800 Dokumente und Materialien aller Art, die er vier Jahrzehnte in seiner Garage gestapelt hatte. Glücklicherweise hatte er alles aufgehoben, was den frühen Jazz und die ODJB anbelangte: Verträge, Presseclips, Briefe, Gerichtsprotokolle, Testplatten, Fotos, Artikel aller Art (ab 1898) usw. Die Sichtung und Registrierung des Materials dauerte Jahre, aber am 18. Oktober 1986 eröffnete das *Hogan Jazz Archiv* der Howard-Tilton-Memorial-Bibliothek der Tulane-Universität den „ORIGINAL DIXIELAND JAZZ BAND Room", ein permanentes Dokumenten-Zentrum, das die meisten – wenn auch nicht alle – Materialien der LaRocca-Sammlung enthält und jedem Interessenten offensteht.

In vielen Ländern gab es, ebenfalls in den Endfünfzigern, bald kritische und vorurteilslose Jazzfreunde und –fachleute, für die Tatsachen mehr Kompetenz als Legenden hatten und die gegen eine ahistorische Geschichtsschreibung – selbst wenn es sich um eine so relativ unwichtige Angelegenheit im Weltgeschehen wie den Jazz handelt – anzugehen versuchten. Unter diesen Jazzexperten war auch der wohl führende Kenner der Materie in Europa, Brian Rust, der außerdem als Schallplattenforscher und Discograph maßgebend ist. Rust, der stets ein glühender Verehrer früher farbiger Bands war, vor allem von King Oliver, reiste 1959 in die USA und überzeugte sich persönlich vom rechtlichen Anspruch der ODJB, die erste im Jazz gewesen zu sein. Rust ging es allein um die korrekten geschichtlichen Fakten und nicht um eine – so scheinbar logische – Legende. So verkündete er u. a. nach einem ODJB-„Negrojazz"-Disput in der englischen Musikzeitschrift *Melody Maker* im Juli 1960 kategorisch: „LaRocca is right" und korrigierte einige Falschstellungen von ODJB-Gegnern. Rust stand ganz im Gegensatz zu anderen Experten, die ihre Chance in New Orleans nicht wahrnahmen, um ihre eigenen Illusionen nicht zerstören und ihr bisheriges Schrifttum nicht revidieren zu müssen. Sie versuchten mit spitzfindiger Dialektik die Fakten zu verneinen, etwa in der Weise, wie es einst die Verfechter der sogenannten Hohlraumtheorie des Weltalls taten. Es durfte nicht sein, was in ihrer Vorstellung nicht sein kann.

Die fast gleichzeitige Herausgabe von Harry O. Brunns *The Story of the Original Dixieland Jazz Band* und der eigenen *Nick LaRocca*-Biographie Anfang

LaRocca is right, says Brian Rust

By MAX JONES

M Y review of the " Story of the ODJB " book, and Nick LaRocca's follow-up letter have provoked a good deal of correspondence and contention.

Brian Rust, whose views I quoted in the original notice, has been stirred by last week's published selection of letters.

He sees nothing rubbishy, he says, in LaRocca's attempts "to set the truth down for all to see, provided prejudice has not blinded their perception."

In Africa

Rust continues: " Mr. Ian Webber states that 'coloured people were playing a form of jazz in Africa before Mr. La-Rocca existed.' He was there, of course, so he speaks with the voice almost of Divine authority.

" The statement that no white band has ever swung like the great coloured groups is a matter of opinion. But I venture to put forward the Original New Orleans Rhythm Kings (Okeh), Johnny Bayersdorffer (Okeh) and the Jean Goldkette band, with or without Bix (Victor).

" Mr. Roger Bruton concludes that LaRocca believes in White Supremacy. From what LaRocca told me, I'd say this was not so. He said he 'thought the world of Armstrong and all those who have carried jazz on, and carried it far.'

White jazz

" But since his was the first band to play jazz, and all its members were white, it is fair to say that the music was not created by Negroes, vast though their contribution has been.

" Mr. Ephraim Lloyd tells us that what we shall hear on any ODJB record is 'far from anything we know as jazz,' but doesn't say what he means by this.

" He goes on: 'Early recordings by Negro bands are completely characterised by African rhythms.' Let us examine this.

" Presumably by early recordings, etc.' we are to understand those by Jim Europe, Wilbur Sweatman, W. C. Handy, Ford Dabney, Fletcher Henderson. All these recorded at the same time as, or even before, the ODJB.

Pre-Louis

" Some of Europe's records are of tangos, and the tango can be traced to African origins, but I hardly think anyone would say these early records, by Europe, Sweatman and Dabney, are of jazz music.

" Henderson's earliest—before Louis joined—are mainly dull, and many are indistinguishable from records by white contemporaries.

" Handy's 1917 Columbias and subsequent Okehs suggest at best a pitiful attempt to copy the ODJB, at worst, a muddle of straight dance idioms and concert band music.

" It may be countered that these men, with the exception of Handy, were not Southerners. So let us consider what is generally regarded as the first record by a coloured band of New Orleanians—Ory's 1922 Sunshine-Nordskog.

" There is precious little swing, little rhythmic momentum, in these crudely played performances, and certainly no evidence of anything African here. But there is an obvious ODJB influence, particularly in ' Ory's Creole Trombone.'

Rejection

" Jazz contains few, if any, rhythmic qualities that are solely African. This explains why the Ghanese did not respond to New Orleanian Edmond Hall's efforts to teach them jazz.

" What is African in New World music is the dance rhythm of the Caribbean and conga, rumba, son, mambo and so on.

" The fact that, six or seven years after the first ODJB issues, there emerged a spate of superb records by Oliver, Morton, Armstrong, Moten and others of the coloured race, is a tribute to their adaptability to the ODJB creation.

Research

" It does not imply that they, and they alone, created jazz as a race."

What Rust has to say is part of the other side of the accepted picture of jazz beginnings. Much remains to be said, to be checked, and to be uncovered from documents of the period.

It will be interesting to see what the " Jazz Archives " research, now being done at Tulane University of Louisiana, finally yields.

>LaRocca hat recht, sagt Brian Rust< – ein Antwortartikel in der englischen Musikzeitschrift Melody Maker vom 9. Juli 1960, worin Erkenntnisse von Brian Rust, dem wohl bedeutendsten europäischen Jazzfachmann, -historiker und -discographen, wiedergegeben werden.

1960 verursachten einige wilde Polemik von Freunden der „Negerthese", die mit dogmatischer Inkompetenz – wenn auch vielleicht im guten Glauben – o8/ 15-Erkenntnisse ins Feld führten. Sie begriffen nicht, daß es bei der Gegenthese, daß es Weiße waren, die als erste Jazz spielten, um keine Wertung ging, sondern nurmehr um eine historische Richtigstellung. Als Harry O. Brunns fundiertes Buch erschien, schrieb Max Jones im *Melody Maker* (28. Mai 1960): „Dieses Buch kehrt den Jazz von unten nach oben." Damit löste er eine heftige Kontroverse aus, ähnlich wie das Büchlein des Autors in Deutschland. Harry O. Brunn, der sich neben seinem Beruf als Techniker auch als freiberuflicher Schriftsteller und außerdem als Posaunist und Leiter einer (Amateur-)Dixieland-Jazzband betätigte, kam in erster Linie das Verdienst zu, die ODJB wieder international in Erinnerung gebracht zu haben. Daß die ODJB laut Brunn als erste Band astreine Jazzmusik dargeboten habe, stieß auf verständlichen Unglauben. Ein Beispiel hierfür ist eine spätere Veröffentlichung des sonst ehrenwerten Londoner Spitzen-Jazzmusikers Humphrey Lyttelton im Jahre 1978, der sich in seinem Buch *The Best of Jazz* (London: Robson Books 1978) ausgiebig mit der ODJB befaßt, neben den üblichen Zweifeln zumindest ihre große historische Bedeutung hervorhebt und zugibt, daß die ODJB für viele Jazzautoren *„the scapegoat"* (in etwa: „Prügelknabe") der Jazzgeschichte ist. Ein Hauptvorwurf von Lyttelton war, daß die Musiker der ODJB sich nie „weiterentwickelt" bzw. modernisiert hätten, vor allem Nick LaRocca, ohne zu berücksichtigen, daß LaRocca praktisch seine Musikerlaufbahn im Jahre 1925 abbrach. Immerhin hatte Lyttelton im *Melody Maker* vom 16. Juli 1960 bereits in einem ironischen Artikel festgestellt: „Wen stört es, wer den Jazz begann?" Er nahm die Sache nicht so tierisch ernst.

Lange vor Lyttelton – im Jahre 1937 – hatten bereits der angesehene 20er-Jahre-Jazzmusiker und –kritiker Jim Moyhanan (in der *Saturday Evening Post* vom 11. Februar 1937 und in *Record Information* von 1944) und der Kritiker John Chapman (in den *Sunday News* vom 3. Januar 1937) lange Pro-ODJB-Artikel veröffentlicht. Moyhanan hatte bereits seit 1921 den Weg der ODJB verfolgt und schrieb: „Sie [die ODJB-Musiker] haben meine lebenslängliche Bewunderung, und als Berufsmusiker, der heute Klarinette spielt, setze ich sie immer noch an die Spitze aller Jazz-Bands, die ich je hörte." Und er hatte so gut wie alle Bands der 20er Jahre gehört.

In Italien veröffentlichte Dr. Luigi Martini 1961 ausführliche Artikel über die ODJB, die den Feststellungen von Brunn, Rust, Lange u. a. entsprachen und ebenfalls nur auf Originalquellen (LaRocca-Dokumente, Schallplatten usw.), nicht auf wenig verläßlicher Sekundärliteratur basierten.

Fünf Monate vor seinem Tod am 22. Februar 1961 hatte Nick LaRocca dann nochmals die Genugtuung – wenigstens nominell – im September 1960 als Leader der Nick LaRocca Dixieland Jazz Band für Schallplattenaufnahmen der Plattenfirma *Southland Records* in New Orleans zu fungieren. Hier spielte eine vom Pianisten Armand Hug zusammengestellte Sieben- bzw. Acht-Mann-

IN those lean days, we—the Memphis Five—had only the Dixieland Band to copy from and try to play the many things you all gave the world. . . . So I am here . . . to help you in this cause, to prove to the world that your band was the first.—PHIL NAPOLEON (in a letter to LaRocca).

In diesen fernen Tagen, wir – die Original Memphis Five – hatten nur die Dixieland Band, um sie zu kopieren und zu versuchen, die Dinge zu spielen, die Du der Welt gegeben hast. ... So, hier bin ich ... um Dir zu helfen in dieser Sache, um der Welt zu beweisen, daß Deine Band die erste war.
(Phil Napoleon – in einem Brief an Nick LaRocca)

•

THE first great jazz orchestra was formed in New Orleans by a cornet player named Dominic James LaRocca. . . . He had an instrumentation different from anything before.—LOUIS ARMSTRONG.

Das erste große Jazz Orchester wurde in New Orleans von einem Kornettisten namens Dominic James LaRocca formiert ... Er hatte eine Instrumentation, die verschieden war von allem was vor dem war.
(Louis Armstrong)

•

WHEN I was at Military Academy . . . we listened to records of the ODJB and used to copy all their records. That was my real indoctrination to jazz.—RED NICHOLS.

Als ich auf der Militärakademie war ... hörten wir Platten der ODJB und versuchten all ihre Aufnahmen zu kopieren. Dies war meine wahre Jazzbeeinflussung.
(Red Nichols)

•

I WAS playing jazz on my clarinet when I was eight, listening to records of the ODJB, which made a terrific impression on me.—BENNY GOODMAN.

Als ich acht Jahre war, spielte ich Jazz auf der Klarinette, indem ich Platten der ODJB anhörte, welche einen ungeheuren Eindruck auf mich machten.
(Benny Goodman)

•

BIX tried to play like LaRocca, but I know he wanted to hear the clarinet of Larry Shields in the pauses of his playing. Because he never got it, he filled in the passages himself.—JIM MOYNAHAN.

Bix versuchte wie LaRocca zu spielen, aber ich wußte, daß er die Klarinette von Larry Shields in seinen Spielpausen hören wollte. Weil ihm dies nicht gelang, füllte er die Pausen selbst.
(Jim Moynahan)

•

Band, die sich aus New-Orleans-Musikern zusammensetzte, einige der alten ODJB-Melodien und LaRocca-Kompositionen.

Einige Monate vor seinem Tode sagte LaRocca resignierend und hoffnungsvoll zugleich: „Ich habe nicht mehr viel Zeit auf dieser Erde, und den grimmigen Schnitter erwarte ich jeden Tag, aber ich weiß, daß die Wahrheit über den Jazz bekannt wird ... Historiker werden über die Entstehung des Jazz berichten, wie sie wirklich war." Und Harry O. Brunn war einer derjenigen, der vorbehaltlos recherchierte und dann in seinem Buch resümierte: „Wie der Jazz in das fünfte Jahrzehnt seiner Geschichte geht, die Gestalt dieser laufend wechselnden Form von Synkopierung unterliegt einem steten Wechsel. Durch die Seiten der Geschichte marschieren seine Helden – Whiteman, Goodman, Armstrong, Gillespie –, jeder begrüßt in seiner Epoche. Aber wie Geister im Hintergrund – zuerst verlacht, dann weltweit mit Beifall begrüßt, später attackiert, und schließlich so gut wie vergessen – stehen Nick LaRocca und seine Musiker aus einer anderen Zeit, die fünf Pioniere, welche die phänomenalste Revolution in den Annalen der amerikanischen Musik zuwege brachten."[29]

Nick LaRocca Dixieland Jazz Band, Herbst 1960, Leitung: Armand Hug. In der Mitte, sitzend: Nick LaRocca.

Nick LaRocca in seinem Heim in New Orleans, März 1960.

Mrs. Ruth LaRocca vor dem Grabmal ihres Gatten Nick LaRocca, im Jahre 1981.
(Grabinschrift: Dominic James (Nick) LaRocca – beloved husband of Ruth Pitre – April
11. 1889 – Feb. 22. 1961 – Here lies the world's first man in Jazz)

STATE OF LOUISIANA

PARISH OF ORLEANS

      BEFORE ME, the undersigned authority, personally came and
appeared: HARRY H. JAMES

      who upon being duly sworn did depose and say:
That he was born on June 13, 1884, in the City of New
York, N. Y; That in the year 1913 he engaged himself as a
Night Club Operator, in and around the City of Chicgo, Ill.;

      That in the year 1915, while he was visiting the City of
New Orleans, on business and pleasure, He met and heard Nick
LaRocca and his band, playing music on the corner of Royal and
Canal Street, in the City of New Orleans;

      That having been in the entertainment world, he had never
heard any music that was so original and different, than the
music being played by Nick LaRocca and his band.

      That he thought so much of Nick LaRocca and his band that
he booked them to play at the Boosters' Club in the Morrison
Hotel in the City of Chicago, Ill; That their stay at this club
did not materialize and they then went to the Schiller Cafe on
the South Side of Chicago in March 1916; That this assignment
at the Schiller Cafe lasted 12 weeks; That while playing at this
Cafe, the band, that because of the originality of Nick LaRocca'
band, he gave the band the name of "The Original Dixie Land Jazz
Band", which name they carried until the year 1938; That after
the band left the Schiller Cafe, they then played at the Casino
Gardens in Chicago for approximately Five months.

      That all of the times that he managed this band, he consi-
dered them outstanding in their original type of music and that
all of their engagements were highly successful;

      That after he discontinued manageing this band and acquiring
jobs for them, that he subsequently came back to New Orleans, in
an attempts to employ other bands that professed to play music of
the same type as that played by the Original Dixie Land Jazz Band,
and that although he did employ several bands, and brought them
to Chicago, they all had unsuccessful engagements; That since his
association with the Original Dixie Land Jazz Band, he has never
been able to find a band that can play the orginal jazz that was
started by Nick LaRocca and his band.

SWORN TO AND SUBSCRIBED
BEFORE ME THIS 8th DAY
OF DECEMBER, 1956.

                        HARRY H. JAMES

NOTARY PUBLIC

*Aus dem LaRocca-Nachlaß (Tulana University): Eine von vielen
Bestätigungen für das Primat der ODJB im Jazz: Eine juristische
Bestätigung des >Night Club Operator< Harry H. James vom Dezember
1956, daß er im Jahre 1915 nichts Gleichwertiges in New Orleans vorfand
– >He had never heard any music that was so original and different, than
the music being played by Nick LaRocca and his band.<*

Kapitel III

Der Jazz breitet sich aus (1917–1923)
Die frühen Nachfolger der
ORIGINAL DIXIELAND JAZZ BAND

Die Geschichte der Bewunderer und Kopisten der ODJB geht zurück bis Anfang 1917, als sich der Ruhm und der Ruf der „Dixielander" nach dem Chicagoer Debüt in New York fortsetzte, nicht zuletzt angeregt durch die ersten „Jass"-Platten der Pionierband. Hinzu kam der ungeheure finanzielle Erfolg der ODJB, der den Ehrgeiz vieler Tanz- bzw. Ragtime-Musiker anstachelte. Anders war es um zwei weitere Kapellen *aus dem Süden* bestellt, die bereits 1915 und 1916 in New York gastiert, jedoch keinerlei Aufsehen erregt hatten: die CREOLE JAZZ BAND von Bill Johnson (mit Freddie Keppard) und die weiße Band THE FIVE RUBES OF RAGTIME des Posaunisten Tom Brown. Wie oben bereits gesagt, blieben beide Bands auch noch später den Beweis schuldig, der ODJB das Wasser reichen zu können

Es ist bekannt, daß Freddie Keppard in vielen Erzählungen und nostalgischen Betrachtungen als eine Art Supertrompeter *in memoriam* hochstilisiert wurde, aber seine Plattenaufnahmen, die er mit Will Marion Cook und auch mit eigenen Gruppen zwischen 1923 und 1927 aufnahm, im besten Mannesalter von 34 bis 38 Jahren, überzeugen wenig; er war durchaus nicht besser als ein Dutzend anderer guter Trompeter beider Hautfarben. Seine späteren Apologeten berichteten beschönigend, er hätte seine große Zeit „vor 1917" gehabt – als „Jazzer" aufgefallen war er aber offensichtlich zu jener Zeit niemandem (s. auch Kap. I). Als reiner Jazzmusiker muß der frühere Ragtimemusiker Keppard mehr zur zweiten Jazzgeneration gerechnet werden, als sich Mitte der 20er Jahre das Solospiel im ursprünglich kollektiv gespielten Jazz durchzusetzen begann.

Das traf nicht auf Tom Brown zu, der sich noch lange Jahre (nach 1920 sogar) nicht so richtig vom Ragtime trennen konnte, auch wenn er diesbezüglich große Anstrengungen unternahm – jedoch als Weißer in der einschlägigen Jazzliteratur sowieso nicht sehr geschätzt wird. Wie schon erwähnt, hatte Tom Brown seine Band, die RAGTIME RUBES, 1915 in New York präsentiert, als reine Vaudeville- und Zirkuskapelle, die die Bezeichnung „Ragtime Rubes" und auch „Dusters" zu Recht trug. In dieser Band spielte auch der Kornettist Ray Lopez mit, der ebenfalls – wie Tom Brown – in seliger Selbsttäuschung behauptete, „Jazz" vor der ODJB gespielt zu haben, da ja Tom Browns Kapelle nur Musiker aus New Orleans angehörten, sogar für einige Zeit Larry Shields als Vertreter für Gus Mueller, der sich später bei Paul Whiteman einen Namen machte. Lopez behauptete auch, daß er bereits 1915 den Ausruf „Jazz it up, Ray" gehört habe, er selbst nannte sich dann auch „Mister Jazz himself". Auch hier spielte die Erinnerung an alte Zeiten wieder einen retrospektiven Streich, und zusammen mit Tom Brown stiftete er zur frühen Jazzlegende weitere Verwirrung. Tatsächlich aber stammte die Ray-Lopez-Bezeichnung „Mr. Jazz himself" erst aus dem Jahre 1917. Beide, Tom Brown wie Ray Lopez, bestätigen auf ihren späteren Plattenaufnahmen – von 1918 bis etwa 1925 –, daß sie den ODJB-Musikern weit unterlegen waren und immer noch mehr zum Ragtime zählten. Im Zusammenhang mit den HAPPY SIX und den Harry-Yerkes-Gruppen wird von Tom Brown noch die Rede sein. Ray Lopez war später Leittrompeter in den Hot-Dance-Bands von Abe Lyman und Gus Arnheim und bewies gewisse Qualitäten, die der allgemeinen Entwicklung von „Hot"-Trompetern seit 1923 entsprechen – nicht mehr und nicht weniger.

Wenden wir uns den Nachfolgebands der ODJB zu.

BORBEE'S JASS ORCHESTRA

Die soweit nachweisbare erste Band, die den Anspruch erhob, auch *Jass* zu spielen, war eine Tanzkapelle unter der Leitung des New Yorker Pianisten Ernest Borbee, der seine Kapelle zunächst als TANGO ORCHESTRA leitete. Bereits im Februar 1917 wandelte er, vom Erfolg der ODJB beeindruckt, sein Tanzorchester – zumindest dem Namen nach – flugs in ein *Jass*-Orchester um, beherrschte aber den Stil der ODJB nicht im geringsten. Dafür eignete sich allein schon die instrumentale Zusammensetzung des Borbee-Orchesters kaum, mit Violinen, Mandolinen, Xylophon, Celesta, Piano und Schlagzeug. Diese Band wurde wiederum in ähnlichem Stil, jedoch mit abweichenden Instrumenten, von dem Entertainer Joe Frisco und seiner Kapelle, der FRISCO JAZZ BAND, kopiert, lag stilistisch auf der gleichen Linie und wird hier nur erwähnt, weil diese Band bereits ab Mai 1917 Schallplatten für die Marke *Edison Records* aufnahm, allerdings mit Posaune, Klarinette und Banjo anstelle von Mandoline, Xylophon und Celesta.

Borbee entwickelte sich vor allem nach 1920 zu einem echteren Nachahmer der ODJB, als er zusammen mit den Brüdern Herman (Kornett) und William (Posaune) Drewes die ORIGINAL GEORGIA FIVE leitete und im Stil seines realen Vorbildes, den berühmten ORIGINAL MEMPHIS FIVE, 1919/20 in New York spielte, während die ODJB auf Europa-Tournee war. Borbee hinterließ leider nur vier Titel seiner frühen *Jass*-Band aus dem Jahre 1917 (typisch ist der Titel „Just the Kind of a Girl you'd love to make your wife") und ein halbes Dutzend

BORBEE'S „JASS" ORCHESTRA – die erste Band, die sich nach der ODJB als Jazz-Orchester präsentierte, jedoch nur ein Musiksurrogat darbot – bereits Anfang 1917.

Titel mit den ORIGINAL GEORGIA FIVE aus dem Jahre 1923. – Die Ernest-Borbee-Bands – heute längst vergessen – sind hier nur der Vollständigkeit halber und aus rein historischen Gründen erwähnt.

EARL FULLER'S FAMOUS JAZZ BAND

Der eigentlich erste halbwegs kompetente Kopist der ODJB war der Schlagzeuger Earl Fuller, der bereits 1916 in der Ragtime-Band von *Banjo* Wallace nach den bis dahin üblichen Pauken, Trommeln und Becken durch sein überdimensionales und für damalige Zeiten *hochmodernes* Schlagwerk(zeug) aufgefallen war – gewissermaßen ein Urvater der modernen Tanzorchester-Schlagzeuger. Die Band von *Banjo* Wallace, die einige Schallplatten aus den Jahren 1916 bis 1921 hinterließ, spielte im *Rector's*-Restaurant in New York, nahe dem *Reisenweber*-Gebäude, wo die ODJB im Januar 1917 ihren großen Erfolg hatte und New York zu erobern begann.

Earl Fuller war begeistert von der ODJB, da er selbst im Begriff war, sich als *Superdrummer* mit der neuen Musik zu versuchen. So stellte er nach seinem großen Vorbild im *Reisenweber* eine entsprechende fünfköpfige *Jass*-Band zusammen – EARL FULLER'S FAMOUS JAZZ BAND – mit Kornett, Posaune, Klarinette, Klavier und Schlagzeug als Besetzung. Da Fuller, der es 1918 sogar zum Direktor des Clubs bringen sollte, noch das reguläre elfköpfige Orchester des *Rector's* – das NOVELTY-TANZORCHESTER – leitete, suchte er sich einen musikali-

EARL FULLER'S FAMOUS JAZZ BAND, Mitte 1917 in New York. Diese Band, mit Ted Lewis als eigentlichem und Earl Fuller als nominellen Bandleader, war die erste, die die ODJB zu kopieren versuchte. V. l. n. r.: Harry Raderman, Ted Lewis, John Lucas, Ernie Cutting, Walter Kahn.

schen Leiter für das Quintett und fand bald einen weiteren ODJB-Fan und Bewunderer von Larry Shields, den jungen Klarinettisten Ted Lewis – damals 24 Jahre alt –, der in einem Vaudeville-Orchester, der TED LEWIS NUT BAND, im *College Arms Cabaret* in Long Island, New York, spielte. Als Kornettist der EARL FULLER'S FAMOUS JAZZ BAND fungierte Walter Kahn, ein passabler Ragtimespieler mit Staccatoansatz, ferner Harry Raderman, der mit seiner Posaune gute Glissandi spielen konnte und ein sehr guter Techniker auf seinem Instrument war, außerdem ein spezielles Gimmick hatte, nämlich die „lachende Posaune" (Laughing Trombone). Im großen ganzen produzierte die Melodiegruppe eine Karikatur des ODJB-Ensembles, wenn auch unfreiwillig. Sie versuchte, das fehlende Können durch unmäßiges Tempo und wildes Staccatospiel zu kaschieren. Aber gerade dies macht den gewissen Charme dieses Übergangs vom Ragtime zum Jazz aus.

Der Klavierspieler war zunächst Earl Fuller selbst, er gab aber auf Grund seiner anderen Bandverpflichtung bald den Stuhl an Ernie Cutting ab, der dann ebenso eifrig „hämmerte". Am Schlagzeug, oder besser an der Trommel, saß John Lucas, der weniger im Two-Beat-Jazzrhythmus spielen konnte, als im Staccato-Ragtime-Stil trommeln. Immerhin kam der Gesamtsound einer „Jass"-Band schon ziemlich nahe, wenn auch nur als komische Kopie. Die Band spielte allgemein zu schnell, um die Gäste zum Tanzen animieren zu können, und man sah in der Band mehr einen Unterhaltungsgag.

Als Earl Fuller sich später nur noch der Leitung des *Rector's*-Club widmete, überließ er Ted Lewis geschlossen seine FAMOUS JAZZ BAND. So entstand Mitte 1919 aus demselben Personal TED LEWIS AND HIS JAZZ BAND, eine Band, die sich nach 1920 ständig an Personal vergrößerte, nicht zuletzt mit echten Jazzmusikern der zweiten Generation, wie George Brunies (Posaune), Dave Klein (Kornett) und Harry Barth (Tuba). Viel später kamen noch Muggsy Spanier (Kornett) und Jimmy Dorsey (Klarinette/Saxophon) hinzu. – Ted Lewis war ein guter Showman, aber er kannte seine musikalischen Grenzen sehr wohl, und der fiepernde *Gas pipe*-Ton seiner Klarinette änderte sich in all den Jahren nicht.

EARL FULLER'S FAMOUS JAZZ BAND hinterließ einige Schallplatten aus der Zeit von Juni 1917 bis September 1918, so u. a. die beachtlichen und typischen Aufnahmen „Slippery Hank", „Yah-De-Dah", „A Coon Band Contest", „Li'l Liza Jane" (ein Klassiker der Band) und die Eigenkompositionen von Earl Fuller: Jazz De Luxe" und „Jazzbo Jazz One-Step." Nebenbei gesagt: Eine Band, die übrigens genau wie die Earl-Fuller-Jazzband klang, war die SCRAP IRON (JAZZERINOS) JAZZ BAND, die 1919 in Paris einige Schallplatten aufnahm und sich aus (bisher unbekannten) amerikanischen Musikern zusammensetzte.

Als das Earl-Fuller-Quintett dann unter dem Namen von Ted Lewis weiterspielte, nahm es vor Ende 1919 bis Anfang 1920 noch einige Titel auf, die an die Anfänge der (Fuller-)Band erinnern und recht jazzmäßig klingen, so vor allem die Titel „Wond'ring", „Blues My Naughty Sweetie Gives To Me", „O! (Oh!)", „Bo-La-Bo" und „Oh! By Jingo". Danach spielte die Ted-Lewis-Band mehr oder weniger heiße Tanzmusik (Hot-Dance-Music) mit gelegentlichen Ausflügen in den Jazz bzw. beachtlicher Hotsolistik.

Vincent Lopez und seine LOPEZ-HAMILTON KINGS OF HARMONY

Eine weitere frühe Kopie der ODJB war eine Band, die sich LOPEZ-HAMILTON KINGS OF HARMONY nannte und unter der Leitung des Pianisten Vincent Lopez und des Klarinettisten Bill Hamilton im *Pekin*-Restaurant am Duffy Square in New York spielte. Vincent Lopez (der angeblich eigentlich Arnosagos hieß), ein ehemaliger Salon- und Ragtimepianist, hatte in der Band von Ed Fischelli im New Yorker *Campbell*-Restaurant bereits im Jahre 1916 gespielt und dort zufällig den Entertainer und Pianisten Jimmy Durante kennengelernt, als die-

Vincent Lopez mit einigen Musikern seiner frühen Hot-Dance-Band, ca. 1923.

ser ihn aus Spaß einmal am Klavier vertrat, um Lopez eine Pause zu gönnen. Damals war Durante gerade die Show-Attraktion des *La Pannas-Clubs*; so kreuzten sich die Wege zweier früher *Jass*-Pioniere. Als Lopez dann im Herbst 1917 im *Reisenweber* die ODJB hörte, war auch er von der neuen Musik „Jass" überwältigt und schrieb in seinen Memoiren: „Die Ankunft des Dixieland am Broadway änderte das gesamte Gebäude der Unterhaltungswelt. Es gab zwar noch einige Jahre des süßlichen Krams. Aber der gehobene Anspruch der Zuhörer setzte ein und fragte nach einem höheren Standard."[30]

Die Anfang 1919 von Vincent Lopez gegründete kleine (Jazz-)Band, die LOPEZ-HAMILTON KINGS OF HARMONY, setzte sich nach seinen eigenen Angaben aus folgenden New Yorker Musikern zusammen: Vincent Lopez (Klavier), Bill Hamilton (Klarinette), Tommy Gott (Kornett), Harold Geiser (Posaune) und Tony White (Schlagzeug), also die typische „Dixieland"-Fünfer-Besetzung. Bereits die beiden ersten Schallplattenaufnahmen der Gruppe am 9. Januar 1920 – „Bluin' The Blues" und „Dixieland Jass One-Step" – waren eine Hommage an die ODJB. Den LOPEZ-HAMILTON KINGS OF HARMONY gelang es besser als Earl Fuller und seiner Band, den Stil der ODJB zu imitieren – wenn auch erst ein Jahr später –, obwohl Bill Hamilton auch eher zum *Gas pipe*-Stil von Ted Lewis tendierte als zum echten Jazzsound von Larry Shields, dem genialen Urvater der Jazzklarinettisten.

Die NEW ORLEANS JAZZ BAND, gegründet 1918 in New York vom ehemaligen ODJB-Musiker Johnny Stein, dann geleitet von Jimmy >Snozzle< Durante. Mit den New Orleans-Musikern Achille Baquet (Klarinette) und Arnold Loyacano (Drums). Ab 1923 wurde die Band vom Drummer Tom de Rose geleitet, mit Sidney Arodin (Klarinette) im Personal.

Jimmy Durante und die NEW ORLEANS JAZZ BAND

Der schon im Zusammenhang mit Vincent Lopez erwähnte Pianist und Entertainer Jimmy Durante zögerte ebenfalls nicht lange, eine eigene Jazz-Band zusammenzustellen, nachdem ihm der Besitzer des *Alamo*-Cabaret grünes Licht für solch eine, der ODJB entsprechende „New Orleans Jass Band" gegeben hatte. Durante trommelte 1918 vier Musiker aus New Orleans zusammen – so Frank Christian (Kornett), Frank Lothak (Posaune), Achille Baquet (Klarinette-) und Arnold Loyacano (Schlagzeug), sämtlich bewährte Ragtime-Musiker, und kopierte mit ihnen die Musik der ODJB recht und schlecht, mit Baquet als stärkstem Solisten im Kollektiv. Die Band von Jimmy Durante, die NEW ORLEANS JAZZ BAND, zählt in jedem Fall zu den besten frühen Kopisten der ODJB in den Jahren 1918 bis 1920 und war den Jazzversuchen farbiger Orchester der gleichen Zeit weit überlegen, obwohl Durante, der berühmte „Schnozzle" (wegen seines „Zinkens", der großen Nase) der späteren Jahre im Film und auf der Bühne, in seiner zynisch-humorigen Art behauptete: „In einigen Bands spielten damals die Kornettisten die Melodie, in anderen die Klarinettisten. In unserer Band spielte niemand die Melodie." Dies widerlegen allerdings seine Platten. – Von Ende 1918 bis Mitte 1920 nahm die New Orleans Jazz Band für die Marken OKeh und Gennett einige bemerkenswerte Platten auf, so auch den Titel „Ja Da", der den Spaß von Durante ad absurdum führt. Es war eine durchaus würdige Nachempfindung der ODJB.

Eine modifizierte New Orleans Jazz Band, die sich ab 1922 präsentierte, mit den dominierenden Musikern Sidney Arodin (Klarinette) und Tom De Rose (Schlagzeug), spielte dann bereits einen Stil, der an die Original Memphis Five und an die New Orleans Rhythm Kings erinnert, von denen noch die Rede sein wird. Diese zweite New Orleans Jazz Band zählt nicht mehr zu den direkten Kopisten der ODJB.

Ab 1917 kam es parallel zu den weißen Bands auch zu den ersten Versuchen farbiger Kapellen, die ODJB zu kopieren und auf der *Jazzwelle* mitzureiten. Hierbei ist es erstaunlich, daß das von etlichen Jazzautoren den Farbigen zugeschriebene überragende *Jazzfeeling*, was auch immer mit diesem abstrakten Begriff gemeint wird, noch etliche Jahre nach der großen Zeit der ODJB in USA (1916–1919), d. h. bevor die Band 1919 nach England ging, bei den farbigen Kapellen nicht zum Tragen kam. Da dies den frühen farbigen Kapellen nicht gelang, wurden sie einfach totgeschwiegen oder als *kommerzielle Tanzorchester* am Rande vermerkt. Sie paßten nicht in die übliche Schablone und Vorstellung, die man sich von den Anfängen der *schwarzen* Jazzmusik macht, aber andererseits stuft man prinzipiell alle farbigen Bands als Jazz-Orchester ein – ein schwer zu erklärender Widerspruch.

Wie schon in den ersten Kapiteln erwähnt, war Ralph Peer, der Talentjäger der Columbia Records Co., 1917 enttäuscht aus New Orleans, wo er nicht *eine* Jazzband vorgefunden hatte, zurückgekehrt und nahm nun unter Vorbehalten zwei farbige Bands unter Vertrag, die sich ihm als Jazz-Orchester anboten und für entsprechende Schallplattenaufnahmen geeignet erschienen, da auch sie „ursprünglich aus dem Süden kamen": die Bands von W. C. Handy und Wilbur Sweatman.

Handy's Orchestra of Memphis

William Christopher Handy, Jahrgang 1873, hatte durch einen Lehrer an der Fisk-Universität, der ihm die klassische (europäische) Musik, vor allem Opernmusik, nahebrachte, eine solide musikalische Ausbildung genossen. Obwohl Handy als Sänger ausgebildet worden war, hatte er nebenbei das Kornett zu spielen gelernt, angeregt durch die Florence Brass Band, einer Marschkapelle unter der Leitung der Professoren Rice und Long, deren Musik ihn begeistert

hatte. Nach wechselvollen Tätigkeiten als Sänger und zeitweiliger Kapellen-
leiter hatte er dann in Henderson, Kentucky, einen deutschen Gesangschor
gehört, der ihn zu weiteren Studien der Notenkunst anregte. Handy war bald
so geschätzt, daß man ihm Ende der 90er Jahre des vorigen Jahrhunderts die
Leitung der MAHARA'S COLORED MINSTRELS anvertraut hatte. 1903 leitete er das
KNIGHTS OF PYTHIANS ORCHESTRA in Clarksdale, Mississippi. Danach war er nach
Memphis gezogen und hatte dort eine Kapelle unter seinem eigenen Namen
gegründet.

1909 komponierte Handy anläßlich einer Wahlkampagne für den Bürger-
meisterkandidaten E. H. Crump, der auch die Wahl gewann, seinen ersten
großen Hit „Mister Crump", der später in „Memphis Blues" umgetauft wurde.
Er war die erste sogenannte *Blues-Komposition* für ein Orchester, allerdings sehr
verschieden von dem stereotypen, echten Blues der schwarzen Sänger. Handy
sollte bis 1925 weitere hervorragende Kompositionen schreiben, so vor allem
seinen unsterblichen „St. Louis Blues" (den großen Standard-Hit der späteren
Jazzmusik neben LaRoccas „Tiger Rag"), ferner den „Hesitation Blues", den
„Yellow Dog Blues", den „Joe Turner Blues", den „Ole Miss Rag" den „Beale
Street Blues". Viele dieser Kompositionen beruhten nach Handys eigenen
Angaben auf Melodienfragmenten, die er in seiner Minstrelzeit hier und da
aufgeschnappt und notiert hatte; sie zeugten von der musikalischen Bega-
bung der Farbigen, die dann in den 20er Jahren voll zur Entfaltung kam. Viele
Handy-Klassiker, die im Titel als „Blues" bezeichnet wurden – ein Begriff, der
in der damaligen Musikwelt als „schwermütig", „getragen" oder auch „langsam" galt (im Zusammenhang mit der zeitgenössischen Ragtimemusik, darin
aber zunächst nicht zum Tragen kam) –, waren alles andere als *echte* zwölftaktige
Blues und daher auch Ohrwürmer der Schlagerindustrie. Noch in den 20er
Jahren – vor allem in Europa – führte der Begriff „Blues" zu Mißverständnis-
sen, denn viele sogenannte Blues-Titel waren eben nicht echte Zwölf-Takte-
Blues-Kompositionen, sondern oftmals nur langsame Walzer oder Slow-Fox-
trotts und in keiner Weise identisch mit der schwarzen Vokalmusik, die neben
der Jazzentwicklung einherlief und erst um 1920 in den *echten* instrumentalen
Jazz einfloß, dann vorwiegend natürlich von schwarzen Bands gespielt, denen
diese Art von limitierter Melodik besser lag.

W. C. Handy, der „Vater des Blues", wie er oft genannt wird, war einer der
genialsten farbigen Komponisten seiner Zeit, vielleicht von Scott Joplin abgesehen. Das ist sein historisches Verdienst. Aber als *Jazzband*-Leiter und Kornettist war er nur mäßig.

1917 kam Handy mit seiner gerade neugegründeten Band, HANDY'S ORCHE-
STRA OF MEMPHIS, nach New York. Es war ein instrumental überladenes 13-Mann-

Orchester, das nun etwas krampfhaft versuchte, die Musik der fünf ODJB-Musiker nachzuahmen. Etliche Titel der Handy-Band vom September 1917, die für Columbia Records aufgenommen wurden, darunter der ODJB-Klassiker „Livery Stable Blues" (Barnyard Blues) triefen geradezu vor Schwerfälligkeit und zeigen wenig von der vielzitierten selbstverständlichen Überlegenheit farbiger Musiker in Sachen Jazz, trotz der Mitwirkung von Charles Harris (Saxophon/Klarinette) und Jasper Taylor (Schlagzeug/Xylophon), die sich in den 20er Jahren im Jazz einen Namen machten.

Aufnahmen der Handy-Band aus den Jahren von 1919 bis 1923, mit einer Neun- bis Zehn-Mann-Besetzung, waren nicht viel überzeugender und zählen rechtmäßigerweise zur Kategorie der gerade aufkommenden modernen *Hot Dance Musik*. Als ODJB-Imitator und *Ersatz* (für Columbia) hat W. C. Handy im Jahre 1917 seine Aufgabe nicht erfüllt, trotz seiner herrlichen Kompositionen. Groteskerweise machte aber gerade die ODJB Handys „St. Louis Blues" mit einer Aufnahme im Mai 1921 weithin populär, so daß Handy im August 1921 an LaRocca einen überschwenglichen Dankesbrief schrieb und einen Scheck über 50 Dollar beifügte, was LaRocca als lächerlich empfand.[31]

WILBUR SWEATMAN'S ORIGINAL JAZZ BAND

Echter als Handy imitierte der farbige Klarinettist Wilbur Sweatman die ODJB. Sweatman, der im Jahre 1882 in Brunswick, Mississippi, zur Welt kam, spielte zunächst Violine, dann Klarinette. Wie Handy wirkte er in der MAHARA'S COLORED MINSTRELS-Gruppe mit und vervollkommnete dort seine musikalische Ausbildung. Im Jahre 1901 gastierte die MAHARA'S COLORED MINSTRELS auch in New Orleans. Von den dortigen lokalen Kapellen war Sweatman überhaupt nicht beeindruckt, sie klangen in seinen Ohren, wie er selbst berichtete, nicht anders als andere Bands irgendwo in USA – was auch durch den späteren Jazzer Perry Bradford, der acht Jahre nach Sweatman New Orleans besuchte, bestätigt wurde.

Um 1902 gründete Sweatman eine eigene Kapelle, mit der er auf Tournee ging, u. a. nach Chicago und schließlich, 1913, nach New York, wo er hauptsächlich in Theatern Musik machte. Davor, um 1913, hatte Sweatman bereits einige *Cylinder* (Walzen) aufgenommen. Ende 1916 nahm er einige Klarinettensoli in reinem Salon- und Ragtimestil auf, u. a. auch seinen kurz zuvor erst komponierten „Down Home Rag", seinen größten Erfolgshit, der später zu einem Jazz- und Swingstandardstück wurde und in etwa, was seine Harmonien und seine Popularität anbelangt, eine Art Vorläufer von Joe Garlands „In the Mood" war, berühmt geworden durch Glenn Miller, Artie Shaw und Edgar Hayes. Erst im Frühjahr 1917, durch den Erfolg der ODJB inspiriert, wandelte Sweatman seine neue Kapelle in eine *Jass*-Band oder in das, was er dafür hielt, um. Diese Band ähnelte mit ihren fünf Saxophonisten, die neben dem Klarinettisten Sweatman die Besetzung bildeten, eher an die (weiße) *Six Brown Brothers*-Band, der erfolgreichen Ragtime- und Unterhaltungskapelle der Jahre 1911 bis 1920, die sich unter Leitung von Tom Brown (der nicht identisch ist mit dem vielzitierten Posaunisten Tom Brown) aus sechs Saxophonisten zusammensetzte.

Ein Jahr später, Anfang 1918, bildete Sweatman ein neues Orchester unter der stolzen Bezeichnung WILBUR SWEATMAN'S ORIGINAL JAZZ BAND und bot sich der Columbia-Plattenfirma als ODJB-Ersatz an, so daß Ralph Peer mit ihr an die Erfolge der ODJB anzuknüpfen versuchte. Aber auch Sweatmans Sechs-Mann-Orchester erwies sich nur als schwacher Abglanz der ODJB und ihrer weißen Nachfolger, obwohl sich die Band redlich bemühte und ihr Vorbild gut studiert hatte. Doch im Vergleich zur Handy-Band war sie als ODJB-Imitation weit besser, wenngleich der alte Ragtime immer wieder durchbrach.

Von März 1918 bis Juni 1920 nahm Wilbur Sweatman für Columbia Records eine stattliche Anzahl von Platten auf, die immerhin zu den besten frühen Jazzversuchen farbiger Orchester gehören (u. a. „The Darktown Strutters' Ball"). Sweatman hatte es dabei wohlweislich vermieden, seine Band mit Instrumenten zu überladen, und sich im Gegensatz zu anderen farbigen Kapellen streng an der Zusammensetzung der kontemporären weißen Jazzbands ausgerichtet. Historisch gesehen deutete u. a. die Musik von Sweatman den Beginn der *Hot Dance Music* an, wie sie ihn zur gleichen Zeit (um 1920) weiße und schwarze Musiker, wie Paul Whiteman, Isham Jones, Ford Dabney, Art Hickman, Vincent Lopez, Harry Yerkes, Earl Fuller, Ray Miller, Ted Fio Rito, Eubie Blake, Noble Sissle und George Morrison spielten. Erst um 1923 bot Wilbur Sweatman – dank guter farbiger Musiker wie Duke Ellington, Maceo Jefferson, Otto Hardwick und Sonny Greer – echten Jazz.

Ford Dabney, George Morrison, Eubie Blake, Noble Sissle

Einige weitere frühe farbige Bands sollen hier noch erwähnt werden, die in den Annalen als *Jass*-Orchester der ersten Generation fungierten. Da war zunächst die Band unter Leitung von Ford Dabney, einem Adlatus von Jim Europe, der bereits vor dem ersten Weltkrieg bis 1919 ein bekanntes farbiges Ragtime- und Society-Orchester in New York leitete und zu den Pionieren rhythmischer Tanzmusik zählt. Jim Europe kreierte im Jahre 1914 u. a. den „Castle Walk" für das damals berühmteste Tänzerpaar der Welt, Irene und Vernon Castle. Ford Dabney leitete seit Anfang 1917 eine Zehn-Mann-Kapelle, die von August 1917 bis Mai 1922 etliche Schallplatten vorwiegend für Aeolian-Vocalion

Records, New York, aufnahm und trotz aller Bemühungen, Jazz zu spielen, im Ragtime steckenblieb, selbst noch im Jahre 1920. Typisch dafür ist beispielsweise die Dabney-Aufnahme „Wedding and Shimmie and Jazz" vom Februar 1920.

Von ähnlicher dürftiger Jazzqualität war das MORRISON'S JAZZ ORCHESTRA von George Morrison, einem New Yorker Violinisten, der im April 1920 einige Schallplatten für Columbia Records aufnahm, darunter als einzige Veröffentlichung die Komposition „I Know Why", mit einem Zehn-Mann-Personal, in welchem der junge, damals 17jährige Jimmie Lunceford mitspielte, der es später – in den 30er Jahren – zu einem der bedeutendsten Swing-Bigbandleiter aller Zeiten bringen sollte. Die Musik von Morrisons *Jazzband* wirkte ziemlich chaotisch und war noch sehr stark dem Ragtime verpflichtet.

Ähnlich klangen auch die frühen farbigen Orchester von Eubie Blake und von Noble Sissle, zweier hochbegabter Komponisten. Ihre Orchester konnten sich selbst in den 20er Jahren kaum von Ragtime lösen und waren im jazzmäßigen Sinne den weißen Fünfergruppen hoffnungslos unterlegen.

MITCHELL'S JAZZ KINGS

Auch die so vielgerühmten MITCHELL'S JAZZ KINGS, eine Band unter der Leitung des Schlagzeugers Louis B. Mitchell (Jahrgang 1885), der bereits 1914 ein Tanzorchester gegründet hatte, das unter der korrekten Bezeichnung SEVEN SPADES OF RAGTIME musizierte, spielte nur Ragtimemusik. Da aber Mitchell bereits 1914 mit seiner Band England besucht hatte und im Jahre 1917 wiederum eine England-Tournee mit seinen SEVEN SPADES OF RAGTIME machte, somit bereits vor der ODJB in England war, veranlaßte dieser Umstand allen Ernstes einige Jazzautoren zu der Auffassung, „daß Mitchell's Jazz Kings den Jazz nach Europa brachten"[32] – was Mitchell selbst später geschmeichelt zur Kenntnis nahm und kolportierte, obwohl die historischen Fakten und seine Musik das Gegenteil beweisen. Denn unbestreitbare Tatsache ist, daß Mitchell die JAZZ KINGS erst nach seiner Rückkehr nach New York im Jahre 1918(!) gründete, jedoch trotz des Namens durchaus keinen Jazz mit seiner Band bot. Auch er wollte aber auf der Jazzwelle mitschwimmen. 1921 ging er mit seiner *Jazz*-Band erneut nach Europa, vor allem nach Paris, wo er in der Zeit von Januar 1922 bis zum Juli 1923 zahlreiche Schallplatten für die französische Schallplattenmarke Pathé aufnahm, die für sich selbst sprechen und beweisen, daß etliche Jazzautoren, die gerne Louis B. Mitchell als „Jazzpionier" bezeichnen, sicher nie die Schallplatten gehört haben oder nur Annahmen in Umlauf brachten. Das vielzitierte schwarze *Jazzfeeling* war kaum vorhanden, die JAZZ KINGS steckten immer noch tief im Ragtime wie anno 1910–14. Vom damaligen Standpunkt der Tanzmusikentwicklung gesehen, spielte die Mitchell-Band noch nicht einmal moderne *Hot Dance Music*. Für Paris, wo die Band einige Jahre gastierte, war die Band schon wegen der exotischen Optik und Clownerie der schwarzen Musiker eine Sensation und gut genug. Der Jazzmusiker *Red Jones* schrieb etwa Anfang 1920, daß nach dem allgemeinen Eindruck die Mitchell-Band bei ihren Pariser Auftritten „lousy music" geboten hätte.[33]

Will Marion Cooks SOUTHERN SYNCOPATED ORCHESTRA

Ähnlich wie MITCHELL'S JAZZ KINGS war auch das instrumental überladene NEW YORK SYNCOPATED ORCHESTRA von Will Marion Cook, einem ausgebildeten Violinisten und Orchesterleiter, der 1918 ebenfalls von der Jazzwelle profitieren wollte und eine 36-Mann-Kapelle zusammenstellte, mit der er dann auf Tournee, u. a. nach London und Paris, ging. Augen- und Ohrenzeugen, welche den Konzerten des NEW YORK bzw. SOUTHERN SYNCOPATED ORCHESTRA in England beiwohnten, so u. a. der spätere Saxophonist der Fred-Elizalde-Band Dan Wyllie, schildern diese Band als einen großen Spiritualchor, begleitet von einer schwerfällig spielenden Instrumentalgruppe im halbsymphonischen Pseudo-Ragtimestil.[34] Diese so berühmte *Jazz*-Band war musikalisch so uninteressant, daß sogar die Repräsentanten der britischen Gramophone Co. (His Master's Voice) es Mitte 1919 ablehnten, Schallplatten mit ihr zu produzieren. Der alte englische Jazzliebhaber Robert Class berichtete in der Schrift *Eye Witness of Jazz* (England 1946) u. a. „... Ich werde mich immer an diese Nacht im Hammersmith Palais erinnern, als ich die einzigartige ODJB [sic.] hörte. Ich sah auch das Southern Syncopated Orchestra in der Kingsway Hall, eine große farbige Gruppe, die auch Sidney Bechet enthielt, aber im Vergleich zu den Dixie Boys ließen sie mich kalt." Dixie Boys: Original Dixieland Jazz Band.

Das Programm des SOUTHERN SYNCOPATED ORCHESTRA umfaßte neben Tagesschlagern, Pseudo-Ragtimemusik und Spiritualgesang auch Beispiele klassischer Musik von Brahms und Dvorak, ferner eine Schlagzeug- bzw. Trommelsolistik von Buddie Gilmore, angepriesen als „Quintessence of Jazz", und ein Klarinettensolo – die sicherlich im Programm genannte Eigenkomposition des jungen Sidney Bechet „Characteristic Blues" – im Novelty-Stil früher Instrumentalsolistik und Virtuosität. Es war lediglich Sidney Bechet, der auf der England-Tournee mit seiner hohen Klarinettenkunst und seinen Breaks die wohlwollende Aufmerksamkeit des Dirigenten Ernest Ansermets erregte und mit Abstand der einzig bedeutende Musiker des Riesenorchesters war. Kein Wunder, daß Bechet sich bald zu einem vollendeten Jazz-Solospieler entwickelte und ab 1923 viel zur Modifikation der rein instrumentalen Solistik des sich nun weiterentwickelnden Jazz beitrug, vor allem auf dem Saxophon.

Visuelle Exotik: Der Parade-Drummer des SOUTHERN SYNCOPATED ORCHESTRA, Buddie (Buddy) Gilmore.

Bechet war ein genialer Improvisator und zählte zwischen 1921 und 1959 zu den absoluten Größen des Jazz – nur er macht das SOUTHERN SYNCOPATED ORCHESTRA geschichtlich erwähnenswert.

Alcide Nunez und die LOUISIANA FIVE

Was den reinen Jazz anbelangt, waren in der Pionierepoche bis 1922 die weißen Bands immer noch klar überlegen. Eine davon war die LOUISIANA FIVE (L5), die ihren Namen zu Recht trug, da ihre Mitglieder alle aus dem Staat Louisiana bzw. aus New Orleans stammten. Diese Band wurde Anfang 1918 von Alcide *Yellow* Nunez (Jahrgang 1884) gegründet, einem Klarinettisten, der bereits 1916 in der gerade gegründeten ODJB (vor Larry Shields) gespielt hatte und eine entsprechende Erfahrung besaß. Das war sein großer Vorteil.

Die LOUISIANA FIVE oder auch, wie auf einigen Plattenetiketten vermerkt, die LOUISIANA FIVE JAZZ BAND zählt zu den besten Jazzgruppen der Pionierjahre. Die weiteren Musiker der Band waren Charles Panelli (Posaune), Joe Cawley (Klavier), Karl Berger (Banjo) und Anton Lada (Schlagzeug und Manager der Band). Nunez ersetzte mit seiner Klarinette den üblichen „trumpetlead"; er spielte von Anfang bis Ende die Melodie (melody line) und bewies ein bemerkenswertes Können. Die reguläre Schallplattenproduktion der LOUISIANA FIVE – zuerst am 2. Januar 1919 für Emerson Records, dann ab 1. April 1919 bis

Die LOUISIANA FIVE, eine der frühesten Nachfolgebands der ODJB, um 1918 mit den ehemaligen ODJB-Musikern Alcide >Yellow< Nunez (Klarinette) und Anton Lada (Schlagzeug) im Personal.

Januar 1920 für Columbia Records – beweist die hohe Jazzqualität des Quintetts. Dafür sprechen etliche Titel mit Jazz-Kompositionen von Nunez, Cawley und Lada: „Laughing Blues", „Orange Blossom Rag", „Church Street Sobbin' Blues", „Yelping Hound Blues", „Be-Hap-E", „Foot Warmer", „Dixie Blues", „Thunderbolt", „Virginia Blues", „High Brown Babies Ball", „Clarinet Squawk" und „Sunshine Girl", um nur einige zu nennen. Alle diese Titel, mit Ausnahme vielleicht vom „Yelping Hound Blues", sind heute mehr oder weniger vergessen.

Nunez – ein etwas schwieriger Charakter, der darum auch den Spitznamen *Yellow* in Musikerkreisen bekam – hatte sich ja mit Nick LaRocca, wie schon oben erwähnt, wegen der Urheberschaft für den „Barnyard" bzw. „Livery Stable Blues" überworfen und spielte nach seinem Ausscheiden aus der ODJB aus Prinzip keine Standardnummern der ORIGINAL DIXIELAND JASS BAND mehr. Nunez und Lada vermieden es auch, in ihrer Band einen Kornettisten einzusetzen, mit einer Ausnahme, als sie den jungen New Yorker Doc Behrendson für eine Schallplattensitzung im Dezember 1919 hinzuzogen und u. a. den Titel „Slow and Easy" aufnahmen.

Interessanterweise nahm sich der deutsche Jazzpionier Eric Borchard die LOUISIANA FIVE zum unmittelbaren Vorbild. Mit seiner ersten Band im Jahre 1920 kopierte er zunächst den Stil der LOUISIANA FIVE recht und schlecht und produzierte tatsächlich einige der ersten jazzähnlichen Aufnahmen auf dem europäischen Kontinent.

Harry A. Yerkes' Novelty (Southern) Five und Happy Six

Eine Verbindung zur Louisiana Five-Band bestand auch durch *Yellow* Nunez zu den *Hot*-Gruppen des Musikmanagers Harry A. Yerkes. Yerkes, ein New Yorker Schlagzeuger und Xylophonist in frühen lokalen Salon- und Tanzkapellen, arbeitete sich schnell zu einem tüchtigen Musikmanager empor und leitete neben seinem regulären Orchester in den Jahren von 1917 bis 1924 etliche Studiobands für Schallplattenaufnahmen, darunter auch *Jazz*-Gruppen wie die Happy Six und Yerkes' Novelty Five oder auch die Southern Five, die historisch besonders interessant sind, da neben Alcide Nunez der schon öfter hier genannte Posaunist Tom Brown in diesen Combos spielte und seiner stolzen Behauptung, er habe mit seiner „Band from Dixieland" – den Five Rubes of Ragtime – bereits 1915 den Jazz nach New York gebracht, nicht gerecht wurde.

Die Happy Six – immerhin mit recht guten Musikern wie Earl T. Oliver (Kornett), Ross Gorman (Klarinette/Saxophon), Ted Fio Rito (Klavier) und George Hamilton Green (Schlagzeug/Marimbaphon/Xylophon) – spielten eine Art *Vaudeville-Jazz* bzw. Ragtimemusik, die die Behauptungen von Tom Brown selbst zu jener späten Zeit (1919–1922) Lügen strafen. Brown war immer noch ein passabler Ragtimeposaunist, aber kein Jazzer wie Eddie Edwards, Charles Panelli, Miff Mole oder Vincent Grande. Selbst Harry Raderman war als Pseudo-Jazzman profilierter. Bessere Aufnahmen der Happy Six waren „Shake A Little Shoulder", „Dance-O-Mania", „Now and Then", „I'm Nobody's Baby", „Gypsy Blues" und „Nobody Lied" aus der Zeit von Februar 1920 bis Juni 1922.

Weitaus jazzmäßiger als die Happy Six waren die Novelty Five (bzw. Southern Five), mit Alcide *Yellow* Nunez, im Stil der Louisina Five, jedoch auf einigen Titeln wieder mit dem ziemlich farblosen Tom Brown. Andere Solisten dieser *Five* waren der schon genannte Ross Gorman (Altsaxophon), Ted Fio Rito (Klavier), Joe Green oder George H. Green (Schlagzeug/Xylophon) – oder sogar beide Greens – und ein Banjospieler (Arthur Lange oder Karl Berger). Zu den besseren Aufnahmen aus der Zeit von Juni 1919 bis März 1920 zählen „Easy Pickin's", Railroad Blues", „High Brown Babies Ball" und „Missouri Blues".

Insgesamt kann man die Bemühungen der kleinen Yerkes-Gruppen als einen Beginn der *Hot Dance Music* betrachten, sie waren aber immer noch heißer bzw. jazziger als entsprechende farbige Bands der gleichen Zeit. Mit seinem eigenen Orchester, dem S. S. Flotilla Jazzarimba Orchestra, das Yerkes von 1917 bis 1924 leitete, hatte er nur mäßigen Erfolg; es war ein für die damalige Zeit typisches Tanzorchester der *Hot Dance Music*, das jedoch schon nach 1922 in der Masse gleichartiger Konkurrenz unterging.

Die HAPPY SIX von Harry A. Yerkes, eine frühe Dixieland-Jazz-Gruppe (auch teilweise identisch mit der NOVELTY FIVE-Band), gegründet 1919. Mit den beiden New Orleans-Musikern Tom Brown (Posaune) und Alcide >Yellow< Nunez (Klarinette); ferner Earl T. Oliver (Kornett), Ted Fio Rito (Piano) und Joe Green (Schlagzeug).

YERKES JAZARIMBA ORCHESTRA aus dem Jahre 1917. Eine Band, aus der vor allem nach 1919 etliche kleine Jazzgruppen mit ehemaligen ODJB-Musikern wie Tom Brown und Alcide Nunez hervorgingen, die aber immer noch mehr Ragtime als Jazz darbot.

Die Original Memphis Five

Die erfolgreichsten und wichtigsten ODJB-Imitatoren waren die Musiker der Original Memphis Five, vor allem in ihrer großen Zeit bis 1926. Die Solisten der allgemein OM5 genannten Band waren jedoch nicht nur perfekte Schüler der ODJB, sondern bald auch ihre würdigen Konkurrenten und Nachfolger, als sich die ODJB 1925 auflöste. Die Musik der OM5 war zwar im allgemeinen weniger vital als die der ODJB, aber fabelhaft perfekt im wahrhaft filigranen Zusammenspiel des Kollektivs. Nur voreingenommene *Puristen* konnten diese Musik als „zu perfekt", „zu glatt" oder sogar „zu kommerziell" und „ohne große Solistik" bekritteln und herabsetzen und sinnlose Vergleiche mit späteren farbigen Jazzgruppen anstellen. Diese Puristen trennten den Jazz in *New Orleans Jazz* und *New York Jazz*, wobei die OM5 letzterem zugeordnet wurde, ohne – und dies sei hier nochmals betont – zu berücksichtigen, daß die Frühzeit des Jazz nur das Kollektivspiel kannte, so daß sie in gewisser Unkenntnis der Materie glaubten und wohl immer noch glauben, daß der Jazz seit eh und je aus *Hotsolistik* bestanden habe. Daher verglichen sie die OM5 mit Jazzgruppen der zweiten Epoche – vorwiegend nach 1925 – wie beispielsweise mit Louis Armstrongs Hot Five, Jelly-Roll Mortons *Red Hot Peppers* und ähnlichen Bands, in denen die ausgedehnte Solistik bereits dominant war, von der modifizierten Technik ganz abgesehen. Das ist etwa so, als wolle man ein Segelschiff mit einem Dampfschiff vergleichen; beide sind Schiffe, jedoch aus zwei verschiedenen Entwicklungsstufen – und genau so ist der Unterschied zwischen den frühen und späten Jazzbands zu sehen.

Die Band der Original Memphis Five (M5) entstand bereits in ihrer ersten Formation Mitte 1917, als die beiden jungen Musiker Phil Napoleon, ein damals sechzehnjähriger(!) frühreifer Kornettist, und der Pianist Frank Signorelli, damals 17 Jahre alt, nach dem Vorbild der ODJB diese *Jass*-Band gründeten. Die frühe Gruppe spielte u. a. im *Harvard Inn* auf Coney Island, New York, und ging danach als Begleitband einer Vaudeville-Show fast ein Jahr lang auf Tournee. Diese erste Memphis Five-Band war relativ instabil und zunächst offensichtlich wenig erfolgreich, obwohl Phil Napoleon Nick LaRocca ständig in dessen Hotel aufsuchte, um seine Musik zu studieren und sich Rat zu holen.

Die frühen Memphis Five, so genannt nach dem damals gern gespielten „Memphis Blues" von W. C. Handy, setzten sich in den formativen Jahren von 1917 bis 1920 aus den folgenden Musikern zusammen: Phil Napoleon (Kornett), Moe Gappel (Posaune), Johnny Costello (Klarinette), Frank Signorelli (Klavier) und *Sticks* Kronengold (Schlagzeug; später ersetzt durch Jack Roth). Diese Besetzung, die leider keine Platten aufnahm, ging bald wieder (1921) auseinander. Die erste reguläre Verbindung zwischen der OM5 und der ODJB

Die ORIGINAL MEMPHIS FIVE, eine der besten ODJB-Nachfolgebands, um 1922, mit Phil Napoleon (Trompete). Da es 1921/23 kaum gleichwertige farbige Jazzbands gab, wurden die weißen OM5-Musiker auch als LADD'S BLACK ACES für den farbigen Markt verkauft und begleiteten auch farbige Bluessängerinnen.

kam zustande, als Signorelli daraufhin die Ehre hatte, Mitglied der ODJB zu werden, um J. Russel Robinson zu ersetzen (s. Kap. II). Davon profitierte die OM5, als Signorelli Anfang 1922 zurückkehrte. Ferner ersetzte der OM5-Klarinettist Johnny Costello Larry Shields in der ODJB, trennte sich jedoch wieder nach einem gehörigen Streit mit Signorelli von der ODJB; LaRocca entschied sich dann für den blutjungen, aber sehr begabten Klarinettisten James Sarrapede, der sich später Jimmy Lytell nannte und unter diesem Namen in die Jazzgeschichte einging.

In dem kritischen Augenblick der OM5, im Sommer 1921, kam der agile junge Bandleader und Talentfinder Sam C. Lanin mit dem Angebot, die Reste der OM5 für etliche seiner Studioaufnahmen zu verwenden. Als findiger Musikmanager hatte Lanin zu allen New Yorker Schallplattenfirmen Beziehungen angeknüpft und verkaufte seine Bands an alle. Nachdem er bemerkt hatte, wie der Rhythmus der neuen Jazzmusik so recht dem Temperament und der Musikalität der Schwarzen entgegenkam, plante er, eine Jazzband mit erstklassigen Solisten vorzustellen und auch sie als *schwarz* zu verkaufen. So kam der Bandname LADD's BLACK ACES auf, die Lanin für die Aufnahmen der OM5-Gruppe von August 1921 bis August 1924 verwendete, welche für die Plattenmarke Gennett produziert wurden und somit auch als „Race"-Records in den schwarzen Vierteln verkauft werden konnten. Für andere Plattenmarken setzte Sam Lanin das OM5-Personal sogar als LANIN's SOUTHERN SERENADERS (für Emerson, Regal, Pathé, Cameo usw.) und auch als JAZZ-Bo's CAROLINA SERENADERS ein, ferner aber auch als Begleitband für die schwarze Bluessängerin Leona Williams unter der Bezeichnung LEONA WILLIAMS AND HER DIXIE BAND (ab Januar 1922). Bis dahin hatte keine farbige Bluessängerin eine bessere Jazzbegleitung bekommen als diese weiße Band! Später folgten weitere Aufnahmen mit der schwarzen Sängerin Alberta Hunter, nun allerdings unter der richtigen Bezeichnung ORIGINAL MEMPIS FIVE, sogar in der „Race"-Serie. Nick LaRocca konnte für diese Pseudonyme, d. h. diese Selbstverleugnung der OM5 aus purer Geschäftstüchtigkeit, nie Verständnis aufbringen, aber das Resultat waren schließlich über 300 Aufnahmen zwischen 1921 und 1926 für fast sämtliche New Yorker bzw. amerikanischen Schallplattenfirmen. Da die OM5 neben der ODJB nichtsdestoweniger die wichtigste frühe Jazzband war, soll hier näher auf sie eingegangen werden.

Im August 1921 waren von der ursprünglichen Gruppe nur noch Phil Napoleon, Moe Gappel und Jack Roth übrig. Der Kornettist Doc Behrendson, der inzwischen Klarinette spielte, hatte Costello ersetzt, und der bereits erwähnte NEW ORLEANS JAZZ BAND-Pianist Jimmy Durante sprang kurzfristig für Signorelli ein, der zu jener Zeit gerade in der ODJB mitspielte. In dieser Besetzung nahm die OM5 als LADD's BLACK ACES ihre ersten Titel auf: „Shake It and Break It" und „Aunt Hagar's Children Blues" (August 1921), zwei klassische Aufnahmen der frühen Jazzgeschichte, die einige Jazzautoren einst für absolut *schwarz* hielten, dank der Falschbezeichnung für die „Race"-Marke Black Swan als HENDERSON's DANCE ORCHESTRA. Gemeint war wohl FLETCHER HENDERSONS ORCHESTER, das damals am Anfang der Karriere stand und sich bemühte, Paul Whiteman und die frühen CALIFORNIA RAMBLERS zu imitieren (was die Henderson-Aufnahmen bis 1925/26 noch klar veranschaulichen). Die OM5 spielte damals u. a. auch in Sixti Busonis *Balconades*-Ballroom, wo die Band die ODJB vertrat, als LaRocca krank war. Dabei ging die Geschäftstüchtigkeit der OM5 so weit, daß sie sich – zumindest in einem Fall auf einer Schallplatte der Marke Arto (mit den Untermarken Hytone und Bell) – als „ORIGINAL DIXIELAND JAZZ BAND" präsentierte. Das war ein Plagiat und führte zu Protesten, war aber wohl eher die Schuld der Plattenfirma als von Phil Napoleon, der Zeit seines Lebens mit LaRocca freundschaftlich verbunden war.

Phil Napoleon

Aug. 21,1958

Mr. Nick LaRocca
2218
New Orleans,La.

Dear Nick:

You will upon getting this letter from me say to your self
where in the hell did you crop up from,and why at this
time. The honest facts are that we have not in many many
years seen or heard from each other,although when I last
visited New Orleans with Tony we tried to locate you and
was not able to,but did find out latter that Tony did get
to see you for a short while. So if I may just get around
any and all excuses for this late writing on my part I
will try my best to get to the point.

We have some folks who live on the next street to us here
in North Miami who's parents still live in New Orleans,
they were there on a visit and have sent me the story out
of the Times-Picayune.Well needless to say I was ever so
happy to get this,but more than just reading it over and
over I must admit that I got such a satisfaction from its
contents that I just had to get this off to you. Now,Nick
only I and a few others who still,thank God are alive can
and I for one will swear and confirm and help to prove in
my small way that every word of what you gave that reporter is the truth,so help me God.Again might I add,that we
of the Original Memphis Five,and may I at this point in-
sert the names of the boys who in 1917,18,19,who thank
God are still alive,Frank Signorelli,Piano,Miff Mole,
Trombone,Bill Lambert Drums,who was from N.O. Angelo
Scirro, Clarinet also from N.O. who then where on the
road with Frank Farnum and Vic Quinn.Well please understand
at this point of my letter that I am so mad at this entire
thing and want you to know that,Now may I too make this
clear,that in those lean days ws the Memphis Five had,only
the DixieLand band to copy from and try to play the many
things you all gave the world,for with out your band how
would we of been able to make the little success we were
able to get.There were no records to go by in those times
of any worth,that is in the way of true Dixieland music
as we know it today or even then. So I am here to go to any
extent to help you in this cause to prove to to world that
your band was the first and all the rest of us climbed on
to something that still is rightfully yours.

Nick,I am going to try and get my self cooled down a bit,
and try to give you my opinion of why and how this has been
a very confused subject,and that might I add goes for the
so called Johnny come lately white or colored guy who
calls himself a musician,who because of there being no
big bands around any more have gotten a few guys together
and call it Dixieland,only because there dont seem to be

*Teil eines Briefes von Phil Napoleon an Nick LaRocca vom
21. August 1958: „... in jenen fernen Tagen hatten wir, die Original
Memphis Five, nur die Dixieland Band zum Kopieren und all diese
Dinge zu versuchen, die Ihr (die ODJB) der Welt gegeben habt.“*

107

Zu jener Zeit, im Frühjahr 1922, hatte sich die klassische Besetzung der OM5 zusammengefunden: Napoleon, Lytell, Signorelli, Roth und der junge Posaunist Miff Mole, der in der Jazzgeschichte zu den Besten seines Instruments gezählt wird, später das Rückgrat vieler Spitzen-Jazzbands und Vorbild für eine ganze Generation von Posaunisten war. Mehr und mehr entwickelte sich die OM5 zu einer reinen Schallplattenband, während die Musiker hauptberuflich in verschiedenen Hot-Dance-Bands spielten, so bei Sam Lanin, Ray Miller, Ross Gorman usw. Sie nahmen auch an zahlreichen Aufnahmen etlicher Studiobands teil und waren gefragte Musiker für alle möglichen Schallplattenaufnahmen. So ließ es sich leben.

Die große Zeit der OM5 lag zwischen 1922 und 1923, als die Besetzung halbwegs konstant blieb, abgesehen von den häufigen Wechseln von Miff Mole und Charles Panelli und auch gelegentlich verstärktem Personal, d. h. zusätzlich einem Banjospieler und einem Saxophonisten. Der Sound der Band blieb gleich, was einige Jazzautoren zu der Bemerkung veranlaßte, die OM5 sei „monoton", verbunden mit dem Vorwurf, sie hätte sich nicht weiterentwickelt. Die OM5-Musiker waren keine Neuerer, sie blieben ihrem Stil länger treu als die Kollegen anderer Bands – von der ORIGINAL INDIANA FIVE abgesehen –, bis ihr Stil nach 1926 durch die Entwicklung des mit längeren Soli durchsetzten modifizierten Jazz längst überholt war. Das schmälert nicht das Verdienst dieser Pionier-Jazz-Band. Ein eingehendes Studium der alten OM5-Aufnahmen zeigt, daß die Band alles andere als monoton war bzw. nicht weniger monoton als jede andere Band jener frühen Jahre des Jazz vor 1925, ganz gleich ob schwarz oder weiß. Daß bei 300–400 Aufnahmen (wenn man sämtliche OM5-Nebengruppen mitzählt) eine gewisse stilistische Uniformität in Erscheinung tritt, ist beinahe unvermeidbar.

Im Gegensatz zu Nick LaRocca war der Bandleader Phil Napoleon ein weniger vitaler Leittrompeter und spielte einen etwas dünnen Ton, wenn auch sauber und fehlerlos im kollektiven Zusammenspiel. Er war kein großer Solist und Showman. Showman zu sein, lehnte er auch strikt ab; ihm kam es auf die saubere, logisch aufgebaute Musik an – die Musik seiner Band war relaxter Dixieland-Jazz von absoluter Perfektion. Über die Showmanship im Jazz mokierte er sich des öfteren: „... viele hohe Töne [high notes], *Hold it man*- und *Show your pearly teeth*-Rufe, dazu einige richtige laute *Yeah man!* – das ist die Art von Show, wie sie beliebt ist.[35] Wäre die OM5 *schwarz* gewesen, dann hätten sich gewisse Jazzautoren vor Begeisterung überschlagen und scharfsinnige Analysen angestellt. So wurde aber nun die Musik der OM5 in die Schablone des *New York Jazz* eingestuft und als zahme Kopie des (imaginären) *New Orleans Jazz* bezeichnet. Es lohnt sich, einige der charakteristischen Spitzenauf-

Eine frühe ORIGINAL MEMPHIS FIVE-
Aufnahme vom Dezember 1922.

Eine seltene ORIGINAL MEMPHIS FIVE-
Schallplatte auf einer frühen deutsch-
amerikanischen Plattenmarke (U.S.A.
Schallplatten GmbH) mit einem Titel
vom November 1923.

Eine deutsche OM5-Veröffentlichung als
„Lanin's Southern Serenaders"
(Serenades) (sic) aus den 20er Jahren.

Phil Napoleon, der Leiter der ORIGINAL MEMPHIS FIVE.

nahmen der OM5 zu erwähnen: „Shake It And Break It", „I've Got The Joys", „Aunt Hagar's Blues", „Arkanas Blues", „Eddie Leonard Blues", „Satanic Blues", „My Honey's Lovin' Arms, „I Wish I Could Shimmy Like My Sister Kate", ‚That Da Da Strain", „Bee's Knees", „Railroad Man", „Great White Way Blues", „Aggravatin' Papa", „Runnin' Wild", „Loose Feet", „Shufflin' Mose", „Memphis Glide", „Pickles", „Tin Roof Blues", „Mama Goes Where Papa Goes", „Walk, Jenny, Walk", „Just Hot", „St. Louis Gal", „Red Hot Mamma", „Sioux City Sue", „The Meanest Blues", „Throw Down Blues", „Bass Ale Blues", „Static Strut", „A Blues Serenade", „Play It, Red" u. a., darunter mehrere Kompositionen von Phil Napoleon und Frank Signorelli.

Die ORIGINAL INDIANA FIVE

Etwa im Sommer 1922, als sich die neue OM5 formierte, wurde die ORIGINAL INDIANA FIVE (OI5) von dem Pianisten Newman Fier gegründet, der sich die ODJB und die OM5 zum Vorbild nahm. Die Musik der OI5 blieb in den acht Jahren ihres Bestehens so gut wie gleichmäßig und war von einer geradezu metallischen Reinheit und Schärfe. Das Kollektivspiel des Ensembles war derart gekonnt, daß es oft sogar noch das der OM5 übertraf, und es fällt schon schwer, etwas Gleichartiges im frühen Jazz zu finden. Unverständlich ist, daß diese hervorragende Band in den Standard-Jazzbüchern fast immer verschwiegen wird. Da die Pioniere unter den Jazzautoren sie ganz selten erwähnten, vermochten auch ihre Plagiatoren der 40er und 50er Jahre nicht über die OI5 zu berichten.[36] Es mag den Erfolg der OI5 geschmälert haben, daß sie – vor allem auf Schallplatten – nicht immer die üblichen Standards und Tageshits spielte, sondern recht eigenwillige, wenn nicht schwierige Jazzmelodien und Eigenkompositionen darbot. Die OI5 war alles andere als „kommerziell", um einen etwas abwertenden Begriff der Jazzfans zu verwenden, die dabei außer acht lassen, daß jede Jazzband auch kommerziell bzw. finanziell erfolgreich sein will. Ein weiteres Handicap der OI5 war, daß beinahe sämtliche Platten der Band akustisch (durch Trichter) aufgenommen wurden, da sie für viele billige amerikanische Kaufhausmarken produzierte, die aus Kostengründen noch lange das akustische System bevorzugten.

Mitte 1923 trat Newman Fier die Leitung der Gruppe an den Schlagzeuger Tom Morton ab, der die Band dann bis zu ihrer Auflösung im Jahre 1929 führte. Fiers Part am Klavier übernahm Harry Ford. Zum formativen OI5-Stil der INDIANA FIVE steuerte zunächst der Klarinettist Johnny Costello bei, der auch in der frühen OM5 mitgespielt hatte; er wurde später durch Nick Vitalo, einen Solisten von hoher Qualität, ersetzt. Von 1922 bis 1924 spielte Johnny Sylvester das Kornett, etwa in der gleichen Qualität wie Phil Napoleon von der OM5. An Sylvesters Platz traten später James Christie und schließlich Tony Tortomas, die Sylvester in keiner Weise nachstanden. Alle drei waren zum Verwechseln ähnlich. Sylvester leitete nebenbei ähnliche Gruppen für Schallplattenaufnahmen, mit einigen der OI5-Musiker und zusätzlichen Solisten, vorwiegend im Stil der OI5. Vincent Grande war ein hervorragender Posaunist der frühen OI5-Gruppe; er wurde 1924 durch den ehemaligen LOUISIANA FIVE-Posaunisten Charlie Panelli ersetzt und schließlich durch den ebenfalls bemerkenswerten Pete Pelizzi. Interessant ist hierbei die enge Verbundenheit der damaligen Elite-Dixieland-Fives (ODJB-OM5-OI5-NOJB-L5) mit vielen Musikern italienischer Abstammung. Hier zahlte sich die angeborene hohe Musikalität des italienischen Volkes aus, die im Jazz voll zum Tragen kam.

Unter den rund 150 Einspielungen auf Schallplatten der OI5 sind folgende bessere Titel zu erwähnen, die zum Teil auch von anderen Bands gespielt wurden: „Two-Time Dan", „Stavin' Change", „Tin Roof Blues", „Sweet Man Joe", „Temperamental Papa", „Hot-Hot-Hottentot", „Everything Is Hotsy Totsy", „Red Hot Henry Brown", „I'm Gonna Hang Around My Sugar", „Everybody Stomp", „Pensacola", „Hard-To-Get-Gertie", „Too Bad", „The Chant", „Deep Henderson", „Heebie Jeebies", „Brown Sugar", „Some Of These Days", „Play It, Red", „Clementine", „Somebody's Making A Fuss Over Somebody" und die Eigenkompositionen der Band: „Indiana Shuffle", „Coffee Pot Blues", „What's

Die ORIGINAL INDIANA FIVE, eine der erfolgreichen Nachfolgebands der ODJB, um 1923. Ursprünglich gegründet von Newman Fier, dann bis 1929 weitergeleitet von dem Drummer Tom Morton.

The Use?", „Stompin' Fool", „Indiana Mud", „Struttin' Jerry" und „Indiana Stomp". Jede dieser Aufnahmen sind hundertprozentiger Dixieland-Jazz der Spitzenklasse, bestes filigranes und sauberes Kollektivspiel, wie es nur wenige Jazzgruppen präsentierten und den *Dixieland* unserer Tage zu einer reinen Karikatur herabsinken läßt, wenn man von der akustischen Aufnahmetechnik der alten OI5-Aufnahmen absieht.

Zu der Musik früher weißer Bands, wie ODJB, OM5 und OI5 usw., aber auch in bezug zu den frühen Red-Nichols-Gruppen (FIVE PENNIES etc.) schrieb der Plattenhüllen-Betexter Daniel Nevers im November 1973: „Die Weißen setzten, zumindest am Anfang, eine größere Betonung auf die unmittelbare und kraftvolle Ausführung als auf die tiefgründige Wirkung [aspects] einer Musik, die auf alle Fälle nicht die ihre [sic] war. Sie waren bald instrumentale Experten und – verglichen mit den Schwarzen – produzierten sie einen viel disziplinierteren und wohlgesetzteren Klang [Sound], aber auf Kosten des echten Feeling." Da haben wir wieder die übliche Mischung von Wahrheit und Imagination, wie sie fast durch die gesamte allgemeine Jazzliteratur geistert, samt dem nebulösen Begriff *Jazzfeeling*, der alles beweisen soll und doch nur eine abstrakte Annahme ist, kaum rational nachweisbar, es sei denn durch rein persönliches Erleben, wie man die Musik hören will, also letztlich reine Geschmackssache.

Die NEW ORLEANS RHYTHM KINGS

Die weißen NEW ORLEANS RHYTHM KINGS, die schon an der Schwelle zum Innovationsstadium vom Kollektiv zum Hotsolospiel standen, setzten sich aus vorwiegend echten New Orleans-Musikern zusammen, die 1921 ihren Erfolg – auf den Spuren der ODJB – im Norden suchten. Obwohl real unmöglich, mußte diese hervorragende Band in der späteren Jazzliteratur ständig als eine Art *King-Oliver-Kopie* herhalten. Dabei waren die NEW ORLEANS RHYTHM KINGS (NORK), die Ende 1921, Anfang 1922 zuerst in den Chicagoer *Cascades* und danach im Cabaret *Friars Inn* spielten, bereits etabliert, bevor King Oliver mit seiner CREOLE JAZZ BAND im April 1923 erste überzeugende Schallplatten aufnahm.

In der aus acht Musikern bestehenden Besetzung der NORK wirkten außer dem Anfang der 20er Jahre modisch werdenden Saxophonisten auch ein Banjo- und ein Bass-Spieler mit, die die klassische Fünferbesetzung verstärkten. Trotzdem blieb das Spiel der Rhythm-Section elastisch und swingend wie bei der ODJB oder der OM5. Im Gegensatz dazu verfielen die ersten farbigen Jazzbands in einen durchgehenden Plink-Plink-Rhythmus, der zwar straff und stampfend durchging, aber wenig swingend war und später als typisch für den *New Orleans Jazz*-Stil galt. Im schwarzen (und auch weißen) Revival-Jazz der 40er und 50er Jahre kam dieser Plink-Plink-Rhythmus besonders penetrant zum Ausdruck, so u. a. bei Kid Rena, George Lewis, Bunk Johnson und ihren weißen Epigonen, bei britischen Revival-Bands à la Chris Barber oder Ken Colyer und ähnlichen Gruppen.

Die NEW ORLEANS RHYTHM KINGS zählten noch zur guten alten ODJB-Koda und präsentierten außerordentlich starke Musiker und gute Solisten, unter ihnen der Kornettist Paul Mares (Jahrgang 1900), der schon 1919 kurz in der Band von Tom Brown in Chicago mitgespielt und später zusammen mit George Brunies (ebenfalls Jahrgang 1900), einem hervorragenden Posaunisten aus der begabten Musikerfamilie Brunies, der sogar Eddie Edwards beinahe ebenbürtig war, musiziert hatte. Hinzu kam der Klarinettist Leon Roppola, bekannt als Rappolo (Jahrgang 1902), der bald einen legendären Ruf hatte. Alle drei waren nicht nur gute Kollektivspieler, sondern gehörten auch zu den Pionieren der Instrumentalsolistik. Der eigentliche Leiter der Band, die sich zuerst FRIARS SOCIETY ORCHESTRA nannte, war der Pianist und Arrangeur Elmer Schoebel (Jahrgang 1896), dessen Kompositionen „Farewell Blues", „Nobody's

Sweetheart", „Prince of Wails" und „Bugle Call Rag" (zusammen mit Frank Melrose) auch heute noch zu den unsterblichen Jazzklassikern zählen. Weitere Musiker der Band waren der Saxophonist Jack Pettis (Jahrgang 1902), ein Banjospieler (entweder Lew Black oder Bob Gilette), der Bassist Arnold Loyacano, der von Steve Brown abgelöst wurde, und der Schlagzeuger Ben Pollack.

Im Sommer 1922 verpflichtete der Musikmanager und Bandleader Husk O'Hare das FRIARS SOCIETY ORCHESTRA für Schallplattenaufnahmen der Marke Gennett Records in Richmond, Indiana, und nahm die ersten Titel am 29. und 30. August 1922 auf, darunter „Eccentric", „Farewell Blues", „Bugle Call Rag", „Tiger Rag", „Livery Stable Blues" und „Oriental" – also Schoebel- und ODJB-Kompositionen. Als Schoebel die Band verließ, um sich seinem neu gegründeten MIDWAY GARDEN ORCHESTRA zu widmen, trat an seinen Platz ein gleichwertiger Pianist deutscher Herkunft: Mel Stitzel (Jahrgang 1903). Mit einer Fünf-Mann-Besetzung in der ODJB-Tradition nahm das FRIARS SOCIETY ORCHESTRA (alias NEW ORLEANS RHYTHM KINGS), bestehend aus den Solisten Paul Mares, George Brunies, Leon Rapollo, Mel Stitzel und Ben Pollack, am 12. und 13. März 1923 sieben weitere Titel auf, darunter den von der gesamten Band komponierten „Tin Roof Blues" – einem der großen Klassiker des Jazz –, ferner u. a. eine gelungene Instrumentalversion des alten Piano-Rag-Klassikers „Maple Leaf Rag" von Scott Joplin. Weitere acht Titel folgten im Juli 1923 mit einer Zehn-Mann-Besetzung, in der Husk O'Hare abwechselnd die Pianisten Kyle Pierce und den sogenannten *Erfinder des Jazz*, Jelly-Roll Morton, für den verhinderten Mel Stitzel einsetzte. Der Kreole Ferdinand *Jelly-Roll* Morton galt für die weißen Musiker als *Kubaner*, und niemand dachte sich etwas dabei; er hatte zur gleichen Zeit im Gennett-Studio einige Pianosoli aufgenommen und war von Paul Mares, der ihn dabei hörte, für Aufnahmen der NEW ORLEANS RHYTHM KINGS empfohlen worden. Die Band spielte dann auch einige von Mortons Kompositionen: „Mr. Jelly Lord", „London Blues" und sein klassisches „Milenberg Joys". Auf Schallplatten zumindest tendierte die NORK mit den drei Saxophonisten schon zur Kleinkapelle, hatte aber immer noch einen weitaus klareren Stil als farbige Orchester derselben Epoche.

Kurz nach 1923 lösten sich die klassischen bzw. ersten NEW ORLEANS RHYTHM KINGS auf, die Mitglieder der Band verteilten sich auf andere Orchester. Paul Mares wechselte zunächst in die Hot-Dance-Band von Al Siegel, ging dann nach New Orleans zurück und gründete dort eine neue NORK-Band. George Brunies wurde, nach einem Intermezzo in Eddie Tancils Band in Chicago im August 1924, Mitglied der hochdotierten TED-LEWIS-BAND und dort neben seinem Kollegen Harry Raderman der Hot-Solist auf der Posaune. Die TED-LEWIS-

BAND hatte sich inzwischen von der Pionier-*Jass*-Band (à la Earl Fuller) zu einer Hot-Dance-Band hin entwickelt und war in dieser Position kommerziell sehr erfolgreich. Leon Rapollo war ebenfalls in Al Siegels Orchester eingetreten und folgte Mares später auch nach New Orleans, um dort in der neuen NORK-Band mitzuwirken. Aber das gehört schon zu einer anderen Epoche der Jazzgeschichte.

Die WOLVERINES

Eine Art geistiger Ableger der NEW ORLEANS RHYTHM KINGS waren THE WOLVERINES, eine Acht-Mann-Band, in der ab November 1923 der junge Kornettist und Pianist Leon *Bix* Beiderbecke (Jahrgang 1903) als maßgebender Solist mitspielte. Diese Band, die eine Mixtur aus ODJB- und NORK-Stil spielte, zählt zu den bemerkenswerten frühen weißen Jazzbands der Übergangsperiode, obwohl einige Jazzkritiker die Leistungen von Jimmy Hartwell (Klarinette), Al Gande (Posaune), George Johnson (Tenorsaxophon), Dick Voynow (Klavier), Bob Gilette (Banjo), Min Leibrook (Tuba bzw. Bass) und Vic Moore (Schlagzeug) herabsetzen, jedoch die zeitweilige Mitwirkung von George Brunies beachtlich finden, vom viel gefeierten Bix Beiderbecke ganz abgesehen. Die Platten der Wolverines aus der Zeit von Februar bis Oktober 1924 präsentieren jedoch eine hinreißende Musik, die allerdings viel dem genau kalkulierten Lead (Führung) von Bix Beiderbecke zu verdanken hat. Nur wenige farbige Bands waren zu jener Zeit (1924) besser oder überzeugender als die Wolverines, trotz der *mittelmäßigen* Musiker.

Die GEORGIANS

Zu den letzten frühen weißen Jazzbands von Format und in der ODJB-Tradition gehörte die *Hotgruppe* der Paul-Specht-Orchesterorganisation unter der Leitung des erstklassigen Kornettisten Frank Guarente (Jahrgang 1893), der dieses Ensemble – THE GEORGIANS – bereits seit 1922 leitete. Der Sohn von Frank Guarente, Frank Guarente jun., schilderte 1956 dem Autor die Anfänge der Jazzkarriere seines Vaters wie folgt: „Der wichtigste Einfluß auf Guarente, um sich von einem klassisch geschulten – notenlesenden – Musiker zu einem Jazzsolisten heranzubilden, kam durch Nick LaRocca und die gesamte ORIGINAL DIXIELAND JAZZ BAND, nach deren Vorbild er seine *Hotgruppe*, die späteren GEORGIANS, formierte. Obwohl der überragende Einfluß der ODJB Guarente von einem Salon- und Ragtimemusiker zum Jazzmusiker wandelte, formte er dann seinen persönlichen Stil auf dem Kornett nach dem *muted style* [Wahwah-Stil] von King Oliver, während er wiederum Oliver Unterricht in Trompetentechnik gab." Das war zu der Zeit, als die ODJB in Europa weilte (1919/20).

115

THE GEORGIANS. Jazzband, ca. 1922.

Frank Guarente entwickelte also einen eigenen Stil, der aus einer Mischung von LaRoccas attackierender Leittrompete bzw. Kornett und Olivers gedämpftem Sound bestand, während seine Band in etwa der OM5 ähnelte, plus zusätzlicher Musiker. Die GEORGIANS spielten zwar nicht so „red hot" wie die ODJB, waren aber technisch immer noch King Olivers CREOLE JAZZ BAND, wie sie im Jahre 1923 spielte, durchaus ebenbürtig. Immerhin belegen dies die Schallplattenaufnahmen, so die Spitzentitel der GEORGIANS: „You Can have Him – I Don't Want Him Blues", „Hot Lips", „Sister Kate", „Chicago", „Nothin' But" (1922), ferner „Loose Feet", „Aggravatin' Papa", „You've Got To See Mama Ev'ry Night", „Snake Hips", „Old King Tut", „Henpecked Blues", „Long Lost Mamma", „Somebody's Wrong", „Learn To Do The Strut", „Shake Your Feet" und „Dancin' Dan" (1923).

Zur ständigen Besetzung der frühen GEORGIANS gehörten neben Guarente Ray Stillwell oder Russ Morgan etc. (Posaune), Johnny O'Donnell (Klarinette/ Saxophon). Arthur Schutt (Klavier), Russell Deppe (Banjo) und Chauncey Moorehouse (Schlagzeug). Die Besetzung schwankte von Anfang 1922 bis Ende 1923 zwischen sechs und acht Musikern, was der ursprünglichen ODJB-Fünferformel zunächst keinen Abbruch tat. Bemerkenswert war nur die Hinzufügung eines Saxophonisten – der ja in keiner Jazzband Anfang der 20er Jahre fehlen durfte, selbst nicht in der ODJB – und die Verstärkung der Rhythm-Section mit Banjo und Tuba.

Frank Guarente sen., Leiter der GEORGIANS, *1922.*

Frank Guarente gehörte zu den wenigen frühen amerikanischen Jazzmusikern, die den Ruf des Jazz nach Europa brachten, als er in der *Alten Welt* 1922, 1923 und 1924 bis 1928 gastierte. Er besuchte England, Frankreich, Belgien, Holland, die Schweiz und Deutschland, vor allem Berlin, wo er 1928 mit den britischen SAVOY ORPHEANS für Homocord (Homophon Co.) sogar einige Schallplatten aufnahm, nachdem er mit seinen GEORGIANS bereits 1926 in Zürich einige bemerkenswerte Platten produziert hatte. In London spielte er als Startrompeter 1927 und 1928 in verschiedenen Hot-Dance-Orchestern und Schallplattenstudiobands, ebenfalls noch später in den USA, ehe er Mitglied des Victor-Young-Orchesters wurde. Seine GEORGIANS wiederbelebte er nicht mehr.

In den Jahren nach 1920 traten mit den Bands von Kid Ory, Johnny Dunn und King Oliver die ersten wirklich kompetenten schwarzen Orchester in Erscheinung. Ab 1920 entstanden die ersten echten sogenannten „Race Records" (Rassenplatten) für den schwarzen Markt, mit einer Form des Jazz, die der Mentalität der Schwarzen besonders lag, so vor allem mit dem echten Zwölf-Takte-Blues, der zwar immer die gleichen Harmonien bot, jedoch mit sehr variablen, amüsanten, lebensnahen (und manchmal schlüpfrigen) Texten. Das war echte schwarze Jazzauffassung, die sich im Jazz der 20er, 30er und 40er Jahre immer mehr verstärkte und schließlich auch von den Weißen übernommen und kopiert(!) wurde; die Uranfänge des *Rhythm and Blues* der 40er Jahre und des *Rock'n'Roll* der 50er Jahre; Jazzderivate, die in den 50er Jahren in die

Pop-Musik eingingen, schließlich die *Rock-Musik* hervorbrachten und – anders als der Jazz – mit Fug schwarzer Herkunft sind.

ORY'S SUNSHINE ORCHESTRA

Die wohl erste wirkliche Jazzband der Farbigen und den anderen farbigen Orchestern stilistisch weit voraus war das SUNSHINE ORCHESTRA des Kreolen Edward *Kid* Ory (Jahrgang 1886). Der Posaunist Kid Ory gründete diese Band im November 1919 in Kalifornien mit Musikern, die er von seinem Aufenthalt in New Orleans kannte, wo er bereits seit 1912/13 mit Ragtime-Bands musiziert hatte. In seinem SUNSHINE ORCHESTRA vereinigte er die alten Ragtimer Mutt Carey (Kornett), Dink Johnson (Klarinette), Fred Washington (Klavier), Ed Garland (Bass) und Ben Border (Schlagzeug). Bis auf den Bassisten war dies die typische ODJB-Instrumentierung, und die Musik klang dann auch ODJB-Aufnahmen recht ähnlich, denn Ory hatte die ODJB-Platten der Jahre 1917 und 1919 gut mit seinen Musikern studiert und nachempfunden, so gut, daß – außer King Olivers Band ein paar Jahre später – kein farbiges Orchester bis dahin einen so löblichen Dixieland-Jazz darbieten konnte. Ory bestätigte auch dem Autor gegenüber, daß sein ursprüngliches Vorbild die ODJB gewesen sei – seiner vielzitierten flüchtigen Bekanntschaft mit Buddy Bolden zum Trotz, an den er „nur vage Erinnerungen als einen sehr lauten *Faker* hatte, der nicht das spielte, was man als Jazz versteht, sondern Marsch-, Polka- und Salonmusik jener Zeit.“[37]

Im Juni 1922 konnte die Ory-Band – als ORY'S SUNSHINE ORCHESTRA bzw. auch als SPIKES' SEVEN PODS OF PEPPERS ORCHESTRA – für die Plattenmarke Nordskog der Spike Brothers sechs Titel aufnehmen, darunter vier Aufnahmen mit den Sängerinnen Roberta Dudley und Ruth Lee, wobei Reb Spike sich offenbar als *Leader* der Band mitzählte. Auf der Untermarke *Sunshine* wurde Spike jedoch nicht genannt. Die beiden klassischen Aufnahmen jener Sitzung der Kid-Ory-Jazzband waren „Ory's Creole Trombone“ und der „Society Blues“. Ory ist auf den Aufnahmen der dominierende Solist der Band, die noch ganz im Kollektiv-Jazz spielt, ähnlich wie Alcide Nunez mit den LOUISIANA FIVE. Auf der „Society Blues“ erinnert er ein wenig an Harry Raderman, wenngleich er generell Eddie Edwards sehr nahekommt. Unzweifelhaft gehört Kid Ory zu den ganz Großen der Jazzgeschichte: ein fabelhafter Solist, der sich hernach in der berühmten HOT FIVE-Band von Louis Armstrong 1925–27 einen Namen machte, aber sich auch noch später, in den 40er und 50er Jahren, im Revival-Jazz als wahre Inkarnation des guten alten Dixieland-Jazz erwies. Ein hervorragender Musiker und Mensch, der seiner Musik immer treu blieb und diese oft genug als *Dixieland* bezeichnete.

*Der farbige Jazzpionier Edward >Kid<
Ory im Gespräch mit dem Autor*

Johnny Dunn's Original Jazz Hounds

Johnny Dunn (Jahrgang 1897) begann seine eigentliche Karriere in der schon
erwähnten Pseudo-Jazzband von W. C. Handy. Er war ein technisch begabter
Trompeter bzw. Kornettist mit einem durchaus eigenen Stil, der aber im Vergleich zum Spiel seiner großen Kollegen King Oliver und Louis Armstrong
dünn und beinahe altmodisch klang und zumindest in den Anfangsjahren der
1921 gegründeten Jazz Hounds noch ganz im Stil der Ragtimer spielte. Sein
Trompetenstil war steif und in der Phrasierung voller ragtimeartiger rhythmischer Muster, hervorgehoben durch *Double-time*-Breaks in der typischen
Staccatomanier früher Jazztrompeter wie Walter Kahn, Doc Behrendson, Earl
T. Oliver, Frank Christian oder William Hicks. Dunns Ausbildung als Ragtime-
und Marschmusiker kam immer wieder mit seinen signalhornartigen Breaks
zum Ausdruck. Andererseits modifizierte er nach und nach seinen Stil und
verwendete schon frühzeitig einen Dämpfer (Mute), um gewisse Effekte und
den Wah-Wah-Sound zu erzielen. Unzweifelhaft war er anfänglich den meisten
frühen farbigen Trompeter-Kollegen des Ragtime und frühen Jazz überlegen,
ganz im Gegenteil zu den anderen Solisten seiner Jazz Hounds.

Die Klarinettisten der Band – ganz gleich ob Garvin Bushell, Herschel
Brassfield oder Ernest Elliott – spielten im fiepigen *Gas pipe*-Klarinettenstil als
Ted-Lewis-Verschnitt, während die anderen Musiker der Band, von dem Posaunisten Herb Flemming abgesehen, kaum hervortraten. Die Jazz Hounds
klangen trotz ihrer durchschnittlichen Sechs- bis Sieben-Mann-Besetzung dicht
und verschwommen, ihre Musizierweise erinnerte an den Jazz der Wilbur-
Sweatman-Band. Trotzdem sind Johnny Dunns Jazz Hounds für die Geschich-

Johnny Dunn's Original Jazz Hounds, 1921. Mit Edith Wilson als Sängerin.

te des farbigen Jazz von größerer Bedeutung, da sie bereits eine Musik zu Gehör brachten, die für die Entwicklung des schwarzen Jazz und der instrumentalen Bluesmusik von einiger Wichtigkeit war. Einige typische Instrumentalaufnahmen der Original Jazz Hounds waren „Bugle Blues" und „Birmingham Blues" (1921), „Four O'Clock Blues", „Hawaiian Blues", „Hallelujah Blues", „Dixie Blues", „Sugar Blues" und „Jazzin' Babies Blues" (1922/23). Als Begleitorchester von berühmten Bluessängerinnen – wie Edith Wilson und Lena Wilson und vor allem vorher Mamie Smith, die als erste den vokalen Blues in den Jazz eingeführt hatte und durch ihn einem Bedürfnis der farbigen Musikhörer entsprach – bewährte sich die Johnny-Dunn-Band als eine frühe wirkliche Hotband der Übergangszeit vom Ragtime zum Jazz.

Dunn entwickelte sich immer mehr zu einem Solointerpreten und Virtuosen seines Instruments, wenngleich er nie den Status eines schwarzen *Jazzgiganten* wie Kid Ory oder King Oliver erreichte, nicht zuletzt durch seinen *Rückfall* in die Hot-Dance-Musik mit dem Plantation Orchestra von Will Vodery, mit dem er in den 30er Jahren Europa bereiste und in London auch Platten aufnahm. Im August 1937 starb Dunn in Paris.

Im Zusammenhang mit Johnny Dunn müssen noch einige Orchester genannt werden, die ebenfalls zur Übergangsperiode vom Ragtime zum Jazz gehören: die Bands von Oscar *Papa* Celestin, Armand Piron, Joseph Robechaux und die verschiedenen Schallplattenstudiobands von Perry Bradford und

Clarence Williams bis zum Jahre 1923. Danach erreichten diese Bands, ähnlich wie Johnny Dunn, einen gehobenen Jazzstandard. Allen voran die Studiobands von Clarence Williams, der in diesen Gruppierungen eine wahre Elite farbiger Musiker zu vereinen verstand, so u. a. Louis Armstrong, Charlie Irvis, Sidney Bechet, Buddy Christian, Coleman Hawkins und Don Redman – jeder ein As für sich im Jazz nach 1924. Papa Celestin, der noch in den 50er Jahren als eine Inkarnation des fiktiven *New Orleans Jazz* von anno 1900–1917 gefeiert wurde, klang selbst zu jener späten Zeit immer noch ein wenig wie ein Amateur in dem Einheitsstil des sog. New-Orleans-Revival-Jazz.

King Oliver und seine CREOLE JAZZ BAND

Joe *King* Oliver (Jahrgang 1885) ist für die Jazzpuristen und Fans des *New Orleans Jazz* der wahre *Gigant* der Jazzgeschichte oder – wie ihn ein deutscher Jazzeuphoriker einmal bezeichnete – „der Leibniz des Jazz". So gilt KING OLIVER'S CREOLE JAZZ BAND, wie das Orchester mit vollem Namen hieß, als das Nonplusultra der frühen Jazzmusik und wird stets als ein Beweis für die Überlegenheit des schwarzen Jazz herangezogen, wobei viele Oliver-Fans fälschlicherweise glaubten (oder noch glauben), daß die CREOLE JAZZ BAND in dieser Form schon irgendwie zwischen 1900 und 1917 in New Orleans existiert und damals schon eine Musik wie im Jahre 1923 gespielt hätte. Die Realität war anders: Abgesehen davon, daß die CREOLE JAZZ BAND erst 1922, d. h. sechs Jahre nach dem Erscheinen der ORIGINAL DIXIELAND JAZZ BAND (1916), gegründet wurde, muß man schon sehr viel Phantasie aufbringen, um anhand der Schallplatten jene Überlegenheit über alle weißen Bands jener Zeit herauszuhören, die sogar seriöse Jazzautoren dazu bewog, sie mit etlichen Superlativen zu überschütten und als die „erste wirkliche Jazzband" zu bezeichnen. Meist waren es jedoch Autoren, denen alles, was sich vor 1923 abgespielt hatte, entweder unbekannt oder uninteressant war.

Was allerdings farbige Orchester anbelangt, war die CREOLE JAZZ BAND von King Oliver in der Tat ein Superlativ. Sie war nicht nur die erste wirklich kompetente farbige Band, die den ODJB-Stil beherrschte, sondern sie erwies sich auch imstande, eigene Wege zu gehen. Die Bandmitglieder waren absolute Spitzenmusiker ihrer Rasse und für die weitere Entwicklung des Jazz – vom Kollektivspiel zur ausgedehnten Instrumentalsolistik – von großer Bedeutung. Man hätte King Oliver gerne zu einem einzigartigen Supertrompeter des Jazz hochstilisiert. Da er aber seinem fünfzehn Jahre jüngeren Adlatus Louis Armstrong klar unterlegen war und dies auch persönlich zugab, fand man die Floskel, daß „Oliver seine guten Jahre bereits hinter sich hatte". Joe Oliver war 1922 gerade 37 Jahre alt, also im besten Mannesalter und sicherlich auf

KING OLIVER'S CREOLE JAZZ BAND, das Nonplusultra aller farbigen Bands um 1923. Mit den aufsteigenden Jazzgrößen Louis Armstrong und Johnny Dodds im Personal und der indirekten Leiterin der Sieben-Mann-Band Lil Hardin(-Armstrong).

dem Höhepunkt seiner Kraft. Daß Oliver auf Grund seines Alters für Louis Armstrong eine Art Lehrer und Vorbild war, hat mit seiner Endleistung nichts zu tun.

Oliver hatte in New Orleans von 1908 bis 1917 u. a. in vielen Marschkapellen musiziert, wie beispielsweise in der OLYMPIA BAND, der THE EAGLE BAND, der ALLEN'S BRASS BAND, der ONWARD BRASS BAND und der ORIGINAL SUPERIOR BRASS BAND, zumeist als Gelegenheitsmusiker. Er war ein *Faker* und verfügte damals über eine reduzierte Technik wie jeder Musikamateur. Die lautstarken Breaks seines Horns brachten ihm sehr bald den Spitznamen „King" ein, und er wurde ein lokaler Begriff. Sein Geld verdiente er sich aber auch als Butler. 1917 trat er in die (Ragtime-)Band von Kid Ory ein, und zwei Jahre später, 1919/20, lernte er von Frank Guarente etwas über korrekte Trompetentechnik, während er umgekehrt – wie schon in dem Abschnitt über Frank Guarentes GEORGIANS geschildert – den europäisch geschulten Guarente in die Kunst des *Faking*, des freien Spiels ohne Noten, einweihte.

Mitte 1917 kamen die ersten Schallplatten der ODJB nach New Orleans und begeisterten die lokalen Musiker beider Hautfarben, die „stolz auf ihre Boys aus New Orleans" waren. Als sich Oliver 1918 von Ory trennte, um nach Chicago zu gehen, wo er sich als New-Orleans-Musiker Erfolg erhoffte, trat an seinen Platz in der Ory-Band der blutjunge Louis Armstrong (geb. 1900 oder 1901), der Oliver bereits damals durch sein kraftvolles Spiel beeindruckte und ihm unvergessen blieb, so daß er ihn vier Jahre später für seine Band verpflichtete.

King Oliver, der in Chicago in den Tanzorchestern von Lawrence Duhé und Bill Johnson spielte, übernahm 1920 die Duhé-Band und ging mit ihr auf Tournee. 1922 war er wieder in Chicago und gründete dort seine eigene richtige Band, die KING OLIVER'S CREOLE JAZZ BAND, die er ab Juni 1922 im *Lincoln Gardens*-Restaurant vorstellte. Prominent neben Oliver waren Honoré Dutrey (Posaune), Johnny Dodds (Klarinette), Bertha Gounsolin (Klavier), Bill Johnson (Bass) und Baby Dodds (Schlagzeug). Bertha Gounsolin wurde noch im Sommer 1922 durch die Pianistin und Arrangeurin Lil Hardin ersetzt, der späteren zweiten Frau von Louis Armstrong. Lil Hardin war eine klassisch ausgebildete Berufsmusikerin, die Noten lesen und schreiben konnte und die Oliver-Band, die sich aus *Fakers*, von Dutrey abgesehen, zusammensetzte, disziplinierte und auf Vordermann brachte bzw. zum fehlerlosen Zusammenspiel hintrimmte. Mit Lil Hardin(-Armstrong) erreichte die CREOLE JAZZ BAND ihren hohen Kollektivspielstandard, und man kann mit Recht behaupten, daß Lil Armstrong (wie sie nun später bekannt wurde) in gewisser Hinsicht das wichtigste Mitglied der Band war, schon auf Grund ihrer musikalischen Ausbildung an der Fisk-Universität durch einen deutschen Musiklehrer. In der allgemeinen Jazzliteratur figuriert sie nur als Randerscheinung, überschattet vom Ruhm ihres Mannes, von Johnny Dodds und natürlich King Oliver.

Ende Juli (oder Anfang August) 1922 hatte King Oliver Louis Armstrong aus New Orleans kommen lassen, um ihn als zweiten Trompeter bzw. Kornettisten einzusetzen. Die CREOLE JAZZ BAND hatte sich inzwischen von der klassischen Fünferbesetzung entfernt und bestand jetzt aus sieben Mann; zwei Hörner verstärkten nun die Melodiengruppe (Melody line). Der Rhythmus wurde durch ein Banjo überbetont, streng durchlaufend im bereits erwähnten, jedoch noch verhaltenen Plink-Plink-Rhythmus mit strengem Two-Beat, mit dem man den sogenannten *New Orleans Jazzstil* vom weniger starren, mehr flexiblen *Dixieland-Stil* zu unterscheiden sucht. Dagegen klang die alte ODJB hektisch vital und immer noch ein wenig „raggy". Aber schon die OM5 spielte „relaxed" und so „pretty" (wie es Louis Armstrong einmal ausdrückte), also musikalisch ausgewogen und ohne Aggressivität. Trotzdem sind die Anleihen

Lil Hardin-Armstrong, Satchmos zweite Frau und maßgebende Persönlichkeit der berühmten Creole Jazz Band von King Oliver zu Besuch beim Autor im Jahre 1953.

der CREOLE JAZZ BAND an die ODJB unüberhörbar, was bei einem ODJB-Bewunderer wie Louis Armstrong nicht wundernimmt. Außer Louis berichtete auch Lil Armstrong, daß die Platten der ODJB ständig zum Nachspielen angeregt hätten. Sie erwähnte dem Autor gegenüber auch den Einfluß der frühen Sam-Lanin-Gruppen, also der frühen OM5 (als LADD's BLACK ACES). Louis Armstrong war ein zu starker Kornettist und individueller Stilist, um mit LaRocca verglichen zu werden, da er zwar dessen straffe Führung (strong led) der *Melody line* nacheiferte, aber seine Breaks nach und nach zu längeren Soli erweiterte, was LaRocca kaum tat.

Anfangs stand Louis Armstrong noch unter der Fuchtel von King Oliver, dem Bandleader, der damals schon mit dem Dämpfer (Mute) herumexperimentierte und den Wah-Wah-Sound gelegentlich zu Gehör brachte. Oliver besaß jedoch nicht die Vitalität und Lautstärke von Louis Armstrong, dem eigentlichen *King*, wenn man so will, und er plazierte Armstrong bei den Schallplattenaufnahmen für die Marken Gennett, OKeh, Paramount und Columbia (1923) rund fünf Meter vom Aufnahmetrichter der akustischen Aufnahmeapparatur entfernt, um nicht übertönt zu werden. Da Armstrong aber Oliver als den Älteren respektierte und in ihm noch einen Lehrer sah, weil er bis dahin mit keinem besseren farbigen Kornettisten zusammengekommen war, gelang es ihm, die Aufnahmen in der richtigen Balance zu halten. Nur ab und zu durfte er vorpreschen und sein Können zeigen, so in den Aufnahmen „Chimes Blues", „Dippermouth Blues", „Riverside Blues" und „Mabel's Dream". Lil Armstrong schilderte recht anschaulich den Unterschied zwischen Joe Oliver und Louis Armstrong: „Joe und Louis spielten im Duett, und obwohl Louis dachte, daß Joe sein Idol sei und er auch so spielen wollte, war es nicht sein Stil. Er versuchte einige von Joes Breaks zu spielen, aber sie klangen anders. Joe spielte immer mit einem Dämpfer ... und Louis spielte *clear und straight* [klar und geradeaus bzw. offen]."[38]

Den Löwenanteil an Soli und Breaks bestritt in der CREOLE JAZZ BAND aber der Klarinettist Johnny Dodds, ein weiterer Abgott vieler Jazzer, der nicht nur sehr an Larry Shields erinnerte, sondern diesen auch stellenweise genau imitierte. Dodds, der später in Louis Armstrongs berühmten HOT FIVE bzw. HOT SEVEN, in Jimmy-Blythe-Gruppen und in verschiedenen Bands im Oliver- und Armstrong-Stil auch unter eigenem Namen spielte (1925–1929), wurde bei Jelly-Roll Morton ein ähnlicher *Jazzgigant* der Jazzpuristen wie King Oliver, da er zu langer Solistik tendierte und ein Meister des instrumentalen Blues auf seiner Klarinette war. Dodds wurde angeblich – als die Oliver-Band im Oktober 1923 Aufnahmen für *Columbia Records* aufnahm – durch Jimmie Noone ersetzt, der bald darauf einen ebenfalls großen Ruf als Jazzklarinettist hatte, aber Dodds als Techniker und Melodiker überlegen war. Beide, Dodds und Noone, waren jedoch nicht besser als Shields, Nunez, Rapollo, Volly DeFaut, Tony Parenti und Jimmy Lytell und andere frühe Klarinettenspieler der ODJB-Schule.

Der Posaunist und Cellist Honoré Dutrey war ein Mitglied der Oliver-Band, das recht gut Noten lesen konnte und – laut Lil Armstrong – seine Melodien sorgfältig nach Cello-Noten ausarbeitete bzw. für die Posaune transferierte. Er verfügte zwar nicht wie Kid Ory oder auch Eddie Edwards über die sogenannte *Tailgate*-Attacke, die ursprünglich von der Marschmusik herkam, er paßte sich aber gut in das Ensemble ein und war zusammen mit Lil Armstrong für den harmonischen Zusammenklang der Oliver-Band verantwortlich.

Der generelle Sound der CREOLE JAZZ BAND von King Oliver – wenigstens auf den hinterlassenen Schallplatten – klingt sehr dicht, vielleicht ein wenig verschwommen (oder „suppig", wie es der Film- und Jazzfotograf Dieter Schnelle einmal treffend formulierte) und ließ die filigrane Klarheit einer OM5- oder OI5-Aufnahme derselben Epoche vermissen. Aber diese Gruppen waren auch kleiner in der Besetzung. Alles in allem stand die CREOLE JAZZ BAND am Beginn einer Jazzepoche, die durch eine zweite Generation von Jazzmusikern geprägt wurde und die Musik der fünf „Fives" (ODJB, OM5, OI5, NOJB, L5) als *veraltet* erscheinen ließ. Die ODJB hatte sich ja 1925 aufgelöst, und die OM5 und OI5 modifizierten sich nicht oder kaum und blieben ihrem archaischen Stil treu.

Resümee und Nachsatz

So ging um 1923 eine Epoche zu Ende, die von vielen Jazzautoren immer nur oberflächlich und lieblos abgehandelt wurde, eine Periode voller Jazzaufnahmen, die man (vor allem) in amerikanischen Jazzkreisen bzw. von Jazzsammlern immer noch als „primitive" (= einfach; nicht zu mißdeuten mit der deutschen Bedeutung des Wortes *primitiv*) bezeichnet, wozu nicht zuletzt die akustische Aufnahmetechnik gehörte, an die sich so manches Ohr nicht gewöhnen kann!

Es bleibt noch zu vermerken, daß es neben den oben genannten Bands noch etliche andere Bewunderer der ODJB in New Orleans gab; Orchester, die mehr und mehr nach 1923/24 in Erscheinung traten und qualitativ hochwertige weiße Jazzmusik boten: die Bands von Happy Schilling, Johnny DeDroit, Abbie und Merrit Brunies, Tony Parenti, Sharkey Bonano, Johnny Bayersdorffer und Benjie White usw., alles jedoch Gruppen, die schon zur zweiten Epoche des Jazz gehören, als die Solistik Vorrang bekam und bereits andere Vorbilder als nur die ODJB zur Verfügung standen.

Kapitel IV

Kurzer Ausblick auf die Entwicklung des Jazz von 1923 bis 1939 und danach

Neben der frühen Jazzmusik hatten sich seit 1919/20 die Anfänge der *Hot Dance Music* der größeren Tanzorchester, die von der *Jazzwelle* profitieren wollten, entwickelt. Neben den farbigen Tanzorchestern von Will Vodery, Will Marion Cook, Wilbur Sweatman, Noble Sissle, Elmer Snowden, Eubie Blake und Ford Dabney und den weißen Tanzorchestern von Art Hickman, Earl Fuller, John Tait, Ted Lewis, Paul Specht, Ray Miller, Joseph Samuels, Vincent Lopez und Isham Jones u. a. waren es vor allem das Orchester von Paul Whiteman und die California Ramblers unter der Leitung von Ed Kirkeby, die Signale setzten und noch unbewußt den Weg zum späteren Bigband-Swing wiesen.

Paul Whiteman, der anfänglich vergebliche Anstrengungen unternommen hatte, die ODJB zu kopieren und lediglich eine ODJB-Karikatur zustande brachte, ging bald andere Wege: Er vergrößerte seine Orchesterbesetzung immer mehr und versuchte schließlich, Jazz symphonisch, mit großen Besetzungen darzubieten, obwohl Jazz und Symphonik im Grunde gegensätzliche Extreme sind – nicht mehr die Improvisation kann im Mittelpunkt des Musizierens stehen, sondern die Exaktheit der immer gleichen Wiedergabe ist erforderlich. Wie dem auch sei, Whiteman wurde schließlich zur Leitfigur des *Symphonic Jazz* und in der öffentlichen Meinung der „King of Jazz", eine Bezeichnung, die Whiteman selbst nicht genehm war – er kannte die echten „Kings" sehr wohl. Paul Whitemans unsterbliches Verdienst und sein Talent lagen vor allem an seinem unfehlbaren Instinkt, hervorragende Jazz-Musiker zu finden und zu verpflichten.

Ed Kirkebys California Ramblers (auch bekannt als Golden Gate Orchestra) waren von Anfang an nicht nur ein erstklassiges Tanzorchester, sondern auch eine Urquelle für hervorragende kleinere Jazzgruppen der Band, da das Orchester von 1921 bis 1930 eine wahre Elite von Jazzmusikern aufwies, vor allem nach 1923. So entstanden als *Hot*-Ableger der California Ramblers die Little Ramblers, die Goofus Five, die Five Birmingham Babies, die Varsity Eight und die University Six; letztere nahmen für die verschiedensten New Yorker Plattenmarken zwischen September 1923 und 1927 (der wichtigsten Periode der Band) zahlreiche Schallplatten auf.

Die Orchester von Paul Whiteman, Ed Kirkeby und auch Sam Lanin bildeten das eigentliche Vorbild für den berühmten farbigen Bigband-Leader

Fletcher Henderson, vornehmlich in den frühen Jahren von 1922 bis 1925, als die meisten Henderson-Aufnahmen noch wie genaue Kopien der genannten Orchester klangen. Erst 1926/27 löste sich Henderson von seinen Vorbildern, dank einiger erstklassiger Solisten bzw. Solo-Spezialisten und guten, einfallsreichen Eigenarrangements, die auf der farbigen Seite bereits auf die kommende Swingmusik hinwiesen, wenngleich Henderson entgegen allen Stories nie die „erste Swingband" leitete.

Neben dem solobetonten Jazz der späteren 20er Jahre bildeten sich von 1928 bis 1931 immer mehr die Jazz-Bigbands heraus, die dann zwangsläufig immer mehr zum disziplinierten Bigband-Swing tendierten, aber auch zum Combo-Swing der kleinen Gruppen weißer und schwarzer Jazzsolisten, zumeist Mitglieder der großen Orchester.

Zu den Vorläufern und Pionieren des Combo-Swing gehörte u. a. der weiße Trompeter Loring *Red* Nichols, ein vollausgebildeter Meister der Trompete bzw. des Kornetts, der aber Ende der 30er Jahre in mancher Jazzliteratur als „mechanischer Kopist von Bix Beiderbecke", ferner als Protagonist des späteren *Cool* ohne Feeling und ähnlichen skurrilen *Wertungen* interpretiert wurde. Hinzu kamen abwertende Urteile von Musikern, u. a. von Eddie Condon, die dem Könner und Perfektionisten Nichols gegenüber Komplexe hatten und ihn beneideten. Red Nichols, der seinen Stil völlig unabhängig von Bix Beiderbecke geprägt hatte, traf mit Bix kaum zusammen. Beide schätzten sich sehr, waren in ihrer Spielweise jedoch recht verschieden.

Nichols, der 1922 in der nach dem Vorbild der ODJB geformten Syncopating Five – eigentlich einer Sieben-Mann-Besetzung – spielte, blieb zunächst auch danach der ODJB-Formel treu, als er – neben seinen festen Tanzkapellen-Jobs live und auf Schallplatten – ab Ende 1925 mit seinen Fünfer-Gruppen Red Heads und Five Pennies Konzerte gab und zugleich ein großes Gespür für Spitzensolisten bewies. Fast die gesamte weiße Jazzelite der späten 20er und frühen 30er Jahre ging aus den Five Pennies- und auch Charleston Chasers-Gruppen von Red Nichols hervor, auch als sich die Five Pennies nach und nach zu einer richtigen Bigband vergrößerten. Nichols präsentierte u. a. Benny Goodman, Jack Teagarden, Miff Mole, Tommy Dorsey, Glenn Miller, Jimmy Dorsey, Eddie Lang, Gene Krupa und viele andere große Solisten und spätere Bandleader. Nichols war nie ein Showman, aber er konnte – laut Erzählungen vieler zeitgenössischer Musiker – bis in die 50er Jahre hinein jeden Kollegen seines Instrumentes „an die Wand spielen". Die historische Bedeutung eines Red Nichols für die Geschichte des Jazz ist eine Tatsache, die diesen überragenden Solisten unsterblich macht.

Ab 1923/24 bildeten sich bei den Schwarzen einige hervorragende Orchester, zumeist Acht- bis Elf-Mann-Besetzungen, also bereits die Anfänge der Bigband-Entwicklung. Weit prägnanter als Fletcher Henderson zur selben Zeit war die erstklassige Band des Pianisten Sam Wooding, der einige der besten jazzambitionierten Musiker verpflichtet hatte: Männer wie Tommy Ladnier (Kornett), Herb Flemming (Posaune), Gene Sedric und Willie Lewis (Saxophone) gehören zu den großen Solisten der Jazzgeschichte. Die Band von Sam Wooding ging Mitte 1925 ständig auf Europa-Tourneen und spielte, von kleinen Unterbrechungen abgesehen, in der alten Welt bis 1931. Obwohl die Wooding-Band anno 1925 das wohl heißeste farbige Orchester war, verblaßte sein Name in den USA durch die lange Abwesenheit von der Heimat schnell. Woodings Band spielte außer in Deutschland auch in Frankreich, Belgien, Holland, Dänemark, Schweden, Schweiz, Österreich, Ungarn, Tschechoslowakei, Italien, Spanien, England und in der Sowjetunion, nebst einem Abstecher nach Argentinien. Die superbe Musik dieser Band, ihre Showmanship und Clownerien und die Präsentation von hervorragenden Tänzern und Vokalisten vermittelten den europäischen Zuhörern damals *den* Eindruck vom *schwarzen Jazz* und damit auch die irrige Vorstellung, daß diese Musik ja *nur* schwarzen Ursprungs sein könne. Dies ist nachvollziehbar, denn dagegen klangen die heimischen Tanzorchester blaß und farblos. Darum blieben auch einige Musiker des Wooding-Orchesters dann in Europa, wo sie mehr Bewunderung fanden als in den USA; vor allem Willie Lewis, der den Rest der Wooding-Band in Europa bis 1941 weiterleitete.

Ein weiteres hochinteressantes farbiges Orchester war die Band des Banjospielers Elmer Snowden, die nach 1923 prominent wurde und aus der eine unvergleichliche Persönlichkeit der Jazzmusik hervorging: Duke Ellington, Pianist, Arrangeur und genialer Komponist. Obwohl Ellingtons erste Band, die WASHINGTONIANS, mit ehemaligem Snowden-Personal – zumindest auf den ersten Schallplatten – noch an bessere Gruppen des Banjokönigs Harry F. Reser erinnern, prägte Ellington bereits gegen Ende 1926/Anfang 1927 seinen eigenen urtypischen Stil, der in der offiziellen Jazzgeschichte als *Ellingtonia* einging und einzigartig war. Sein *Jungle Style* dank Solisten wie den Trompetern Bubber Miley und später Cootie Williams, dem Posaunisten Joe *Tricky* Sam Nanton und einem über Jahre hinaus ziemlich konstanten Personal, in Kombination mit der Menge an wunderbaren Kompositionen des *Duke*, hob die Ellington-Band weit über den Durchschnitt aller farbigen und weißen Bands jener Zeit hinaus. Anderen Orchestern gelang es nicht oder kaum, Ellington genau zu kopieren, vielleicht mit Ausnahme einiger englischer Bands, die kurioserweise recht gute Ellington-Kopien produzieren konnten, so Stanley Barnett und Jack Hylton mit ihren Orchestern. Die einzige amerikanische Band, die dem Orchester von Duke Ellington in ähnlicher Weise stilistisch das Wasser reichen konnte, war die farbige Jimmie-Lunceford-Band in den Jahren von 1933 bis 1939.

Weitere farbige Spitzenorchester, jedoch im konventionellen, kleineren Bigband-Stil mit viel Solistik, waren die Orchester von Bennie Moten, Andy Kirk, Charlie Creath, Erskine Tate, Charlie Johnson, William McKinney, Luis Russell, Don Redman, ferner King Olivers Dixie Syncopators und die Missourians (dem späteren Cab-Calloway-Orchester) der Jahre von 1923 bis 1931.

In den Jahren von 1926 bis 1930 waren auch die kleinen Studiobands von Jelly-Roll Morton existent, die berühmten Red Hot Peppers, die dank etlicher hervorragender Solisten in der Jazzgeschichte einen Platz haben, von einigen Jazzpuristen sehr gefeiert und maßlos überschätzt. Die Morton-Band klang schon zu jener Zeit *veraltet*, trotz des solistischen Feuers und einiger guter Morton-Kompositionen. Immer wieder kam im Rhythmus der Ragtime zum Vorschein, und Mortons Gruppen waren weit entfernt von der Entwicklung anderer zeitgenössischer Bands hin zur Swingmusik.

Daneben gab es noch zahlreiche kleine Skiffle-, Jug- und Washboard-Bands, deren Schallplattenaufnahmen für den *Race*-Markt gedacht waren und mit ihrer amateurhaften Zusammensetzung und originellen Aussage einen beinahe folkloristischen Appeal haben – ein liebenswertes Abfallprodukt der instrumentalen Jazzmusik und dankbares Vorbild für unzählige Revival-Amateurjazzer bis in unsere Zeit.

Ende der 20er Jahre entwickelten einige schwarze Bluespianisten aus dem schnell gespielten Blues den sogenannten Boogie-Woogie, allen voran *Pinetop* Smith, Albert Ammons, Jimmy Yancey, Meade Lux Lewis und Pete Johnson. Der Boogie-Woogie – für mehrere Jahre vergessen – wurde ab 1936 wieder populär und in den Bigband-Swing transferiert und ab da zu einem Standardbegriff im Jazz.

Die Anfänge der Swing-Musik wurden schon zwischen 1927 und 1930 mit den Orchestern von Jean Goldkette, Charlie Straight, Isham Jones und Ben Pollack und in den farbigen Bands von Fletcher Henderson und den frühen Missourians erkennbar. Der reale Durchbruch dieser mitreißenden Musik, mit ihren disziplinierten Blech- und Saxophonsätzen, der stampfenden, swingenden Rhythm-Section und den prägnanten Solo-Passagen der Star-Solisten, kam 1929 mit dem Casa Loma Orchestra. Diese erste wahre Swingband war anfänglich in ihrer Dynamik unerreicht und wurde allgemein bewundert. Sie war auch das erste Vorbild für frühe europäische Swingorchester bzw. Tanzorchester mit Swingambitionen. Der Casa-Loma-Stil wurde dann auch mehr oder weniger von Ben Pollack, Joe Haymes, Isham Jones und auch Red Nichols gespielt, während die Farbigen, zuerst die Mills Blue Rhythm Band und dann die Missourians (unter Cab Calloway) und Fletcher Henderson zum Bigband-Swingstil tendierten – alle in der Zeit von 1931 bis 1934.

Seit Mitte der 30er Jahre traten daneben auch noch kleine weiße Jazz-gruppen, von denen die Bands von Muggsy Spanier, Wingy Manone, Louis Prima, Adrian Rollini und die diversen Eddie-Condon-Studiogruppen zu den Interpreten des – je nach Auslegung der Jazzexperten – *Dixieland Jazz*, *New Orleans Jazz* oder *Chicago Jazz* gehören, jedoch noch alle in der ODJB-Tradition musizierten.

1935 trat die Swing-Musik allgemein voll in Erscheinung. Das einmalige Ellington-Orchester wurde schon erwähnt, ebenso die elegante Band von Jimmie Lunceford mit ihrem Meisterarrangeur Sy Oliver. Ferner gab es die auf mitreißende Bluesriffs spezialisierte Basie-Band mit ihrem meisterlichen Chef, dem „sparsamsten Pianisten" des Swing, Count Basie, bei dem jeder Pianoschlag das Orchester anpeitschte und mit seiner einfachen Riff-Coda einen verblüffenden Erfolg bei den Zuhörern hatte. Alle drei waren typisch für meisterhaft ausgeführten Spitzenswing. Daneben gab es (wobei hier nur die wichtigsten und bekanntesten Namen erwähnt werden können, die bis Ende 1939 das eigentliche Zeitalter neben ihren weißen Kollegen prägten) auf far-biger Seite die Bands von Erskine Hawkins, Edgar Hayes, Earl Hines, Claude Hopkins und Andy Kirk. Bemerkenswert war auch die wuchtige und geschmack-volle Swingband des Schlagzeugers Chick Webb, die dank der Arrangierkunst von Van Alexander (Al Feldman) beinahe *weiß* klang – ein Musterbeispiel schwarz-weißer Zusammenarbeit.

Auf weißer Seite fand die Swing-Musik ihre besten Vertreter in dem schon erwähnten Orchester von Benny Goodman und in den präzisen Orchestern von Larry Clinton, Tommy Dorsey und Joe Haymes sowie in dem einmaligen Dixieland-Bigband-Sound der Bob-Crosby-Band und in der wuchtigsten aller Swingbands, dem Artie-Shaw-Orchester mit seinem satten, vollen Ensemble-klang und seinen meisterlichen Arrangements. Nicht zu vergessen der von vielen Jazzfans unterschätzte Jimmy Dorsey mit seiner Bigband; er war nicht nur einer der besten Klarinettisten und Saxophonisten des Jazz, sondern auch Lehrer und Vorbild für beinahe alle berühmten *Reed*-Solisten, die nach ihm kamen, sogar von Charlie Parker, einem der Väter des *Be-Bop* und Abgott der *Modernisten*. Weitere hervorragende weiße Vertreter der Swing-Ära waren u.a. die Bands von Charlie Barnet, Bunny Berigan, Will Bradley, Bob Chester, Woody Herman, Will Hudson, Harry James, Gene Krupa, Glenn Miller, Red Norvo, Jan Savitt und Teddy Powell.

Außerdem gab es zwischen 1935 und 1939 etliche kleine farbige Gruppen – vor allem Studiobands – von hoher musikalischer Qualität, die den Combo-Swing kreierten und zumeist aus Solisten bestanden, die aus den Orchestern der oben genannten Bandleader stammten. Da waren vor allem die Studio-bands von Lil Armstrong, Putney Dandridge, Lionel Hampton, Frank Newton, Fats Waller, Teddy Wilson und die verschiedenen *Ellington-Units* (Barney Bigard, Johnny Hodges, Rex Stewart, Cootie Williams). Zu jener Zeit spielten auch bereits weiße und farbige Musiker in gemischten Gruppen und scherten sich recht wenig um Rassenschranken und theoretische Erörterungen etlicher Jazzautoren.

Ähnliche Studiobands gab es auch unter den Weißen. Bemerkenswert war die Ragtime Band des schon an anderer Stelle erwähnten Kornettisten Muggsy Spanier, der 1939 mit dieser Gruppe die Musik der ODJB überzeugend wiederbelebte und ein Vorläufer des späteren *Revival-Jazz* war. In ähnlichem Geiste der ODJB spielten bereits seit 1936 die Clambake Seven von Tommy Dorsey, seit 1927 die Bob Cats von Bob Crosby und seit 1939 die Woodchoppers von Woody Herman. Muggsy Spanier machte sich übrigens dem Autor gegenüber lustig über seine Einstufung als *Chicago-Stil-Musiker*: „Wir spielten Jazz, weiter nichts, und dann noch vorwiegend in New York. Ich habe nie gewußt, daß ich ein sogenannter Chicago-Musiker bin."[39] Zur Erinnerung (s. Kap. I): Der Begriff des *Chicago Jazz* wie auch der des *New York Jazz*, die immer noch durch die Jazzliteratur geistern, entstanden einst durch die recht zwanghaften Bemühungen einiger Jazzautoren, gewisse Stilarten des Jazz nach Orten und Herkunft von Musikern definieren zu wollen, mit diesen Bezeichnungen aber manchmal mehr irreführten als zur Klarheit beitrugen.

Neben all den genannten Jazzgrößen jener Zeit ragte ein Symbol des Jazz heraus, der große *Heros des Jazz*: Louis Armstrong (geb. 1900 oder 1901), der – dies sei nebenbei erwähnt – wegen seines *großen Mundes* (satchel mouth) den Spitznamen *Satchmo* erhielt. Er war in den 30er Jahren mit der Kraft seines Horns und seinem unverwechselbaren Gesang auf dem künstlerischen und vitalen Höhepunkt seiner Karriere, wenn auch viele seiner Fans seine Zeit mit den Hot Five/Hot Seven und den Savoy Ballroom Five für die beste Armstrong-Epoche ansehen, wobei es sich aber mehr um die Gruppen als um Armstrong als Solist handelte. Der Ruhm des großen Armstrong hielt sich zu Recht bis zu seinem Tode im Jahre 1971, aber auch heute noch ist er ein unvergessener „Gigant der Jazzmusik".

Alle, ganz gleich von welcher Farbe und Rasse, haben zusammen mit Hunderten von fast namenlosen Musikern zur Gestaltung einer Musik beigetragen, die vielen Freude und ein positives Lebensgefühl vermittelte. Es gab auf

132

schwarzer wie auf weißer Seite die hervorragendsten Solisten und Orchester – sie alle befruchteten sich gegenseitig mit Ideen und gekonnter Soloarbeit.

1939 endete das eigentliche Zeitalter des Jazz, von seinen Anfängen 1916/ 17 bis hin zu seinem letzten Höhepunkt als Swing-Musik. Das Jahr 1939 bedeutete gewissermaßen eine Zäsur in der Geschichte dieser Musik; dies hatte jedoch nichts mit dem Zweiten Weltkrieg zu tun. Die Swing-Musik begann schon zur Jahreswende von 1939/40 in einer gewissen Stereotypie zu erstarren, trotz aller Versuche, die Musik lauter, schreiender und mit zum Teil Riesenbesetzungen bzw. Streichersatz zu spielen und an den Mann zu bringen. Das Resultat war eine gewisse Ermüdung und die vielzitierte *Kommerzialisierung* (als ob es nicht immer darum ging). Nur Duke Ellington hatte dank einem wahrhaften Spitzenpersonal in den Jahren von 1940 bis 1943, d. h. bis zum ersten *Record-Ban* (Schallplattenaufnahme-Stop) durch den mächtigen US-Musikgewerkschaftsboss James Caesar Petrillo, einen zweiten Höhepunkt seiner Karriere.

In den Jahren 1941 bis 1945 entwickelten sich verschiedene Jazzderivate: Der *Re-Bop* (später *Be-Bop*), eine Musik, die von herumexperimentierenden schwarzen Musikern zunächst mit kleinen Combos gespielt wurde. Der Be-Bop, die typische Musik des unsicheren Atomzeitalters, wurde durch weiße Ensembles nie überzeugend kopiert. Dies war echte schwarze Musik, eine Musikform, von der viele bedeutende Interpreten mit Recht sagten, daß sie *Black Music* spielen und keinen Jazz, was durchaus korrekt erscheint. Der vielzitierte sogenannte *Protest im Jazz*, ein Lieblingskind gewisser Jazz-Soziologen der letzten drei Jahrzehnte, hier hatte er einen echten Ansatz. Man *protestierte* gegen den eingefahrenen und nunmehr stereotypen Swing, und zwar rein musikalisch, nicht anders – man wollte etwas Neues schaffen. Auf der weißen Seite bemühte man sich um den *Progressiven Jazz*, den *Cool Jazz* und den *West-Coast Jazz*. Ersterer hatte mit seiner überlauten, hochtechnisierten Satz- und Soloarbeit und *High notes*-Artistik seinen prominentesten Vertreter in dem sympathischen Idealisten Stan Kenton. Dieser hatte aber schon beachtliche Vorläufer wie Raymond Scott, Bobby Sherwood und Earle Spencer, um nur die wichtigsten zu nennen. Auch die sogenannte *First Herd* von Woody Herman fiel in diese Sparte. Jedoch war der *Progressive Jazz* im Grunde genommen nur das letzte Aufflackern der Swing-Musik und setzte einen Schlußstrich unter die Bigband-Ära.

Der in den 50er Jahren aufkommende *Mainstream*-Jazz war ein Konglomerat tradioneller Jazzformen und moderner Instrumentaltechnik, oftmals mit überlanger Solistik und Be-Bop-Anklängen, aber immer noch recht gefällig und bei vielen Jazzfreunden der 50er bis 70er Jahre sehr geschätzt. Im

Mainstream konnten sich immer noch viele alte Jazzmusiker produzieren und präsentieren. So erfüllte der *Mainstream-Jazz* als eine Art Fortsetzung der totgelaufenen Swing-Musik seinen Zweck als Gegengewicht zum *Be-Bop*, *Cool Jazz* und *Free Jazz*, teilweise bis in die heutige Zeit hinein.

Dagegen erinnerte der *Cool Jazz* sehr oft an skurrile Barmusik. Dem noch späteren *Free Jazz*, der aus all den genannten modernen Entwicklungen hervorging, fehlte das melodische Feuer und der mitreißende Swing, der den echten Jazz ausmacht. Präsentiert wurden eine ermüdende Marathonsolistik und elektronisch verfremdete Instrumente in einem Geräuschbrei – höchstens unterbrochen durch völlig unmotivierte Drumsoli –, eine wahrhafte Musik des Atomzeitalters. Hinzu kommt, daß vieles im *Modern Jazz* eine ungeheure Langeweile ausstrahlt, bedingt durch überlange Soli und Instrumentalexhibition, die das Konzept eines kontinuierlichen Aufbaus – wie es im originalen Jazz vorhanden ist – völlig ignoriert. Diese *Free Music* wurde elitär und geradezu zur Kunstmusik erhoben. Die Interpreten und Apologeten nahmen (und nehmen) sie allerdings äußerst wichtig und ihre Musik sehr ernst. Abgesehen von improvisatorischen Grundelementen hat diese Form der Musik nichts mehr gemein mit dem lebensfrohen echten Jazz, der gehobenen Tanzmusik einer versunkenen Vergangenheit.

In den Jahren des *Record Ban* entwickelte sich in der Popular-Musik (Popmusic) die sogenannte *Singsang*-Welle der Vokalisten von Frank Sinatra bis Doris Day usw., die dem Bigband-Swing schließlich den Garaus machte. Für die Tänzer entwickelte sich über dem schwarzen Combo-Swing der *Rhythm and Blues*, gefolgt vom *Rock'n'Roll* und danach später die *Beat*-Musik und schließlich die *Rock*-Musik, eine Musik rein schwarzen Ursprungs mit ein paar hervorragenden weißen Interpreten, jedoch auch eine Musik von umwerfender Primitivität und daher leicht eingängig und rhythmisch so simpel, daß sie eine entsprechende Emotionalität bei jungen Menschen hervorruft und z. T. als Disco-Musik zum Tanz anregt. In einem Interview für das *Jazz Podium* (November 1989) beschreibt niemand treffender das Problem der *Rock-Musik* als Hans Koller, einer der großen europäischen Vertreter des *Modern Jazz* und immerhin seit beinahe fünfzig Jahren auf dem Jazzfeld aktiv, mit folgenden Worten: „Der Jazz besteht aus der individuellen Eigenheit und lebt davon. Anders ist es hörbar bei der Rock-Musik. Alles klingt gleich und undifferenziert. Man versteht keine Texte, alles ist Bla-Bla. Es ist für eine Zuhörerschaft gedacht, die durch das Massenmedium und die Musikindustrie immer idiotischer [sic.] wird ... Ab und zu gibt es technisch bessere Rockmusiker, aber insgesamt ist das Bla-Bla-Musik, die dem Jazz alles weggenommen hat, was sie gerade gebraucht hat." Noch treffender und knapp zog die schwarze Sängerin

Eartha Kitt in einem Rundfunk-Interview folgendes Resümee: „Wir leben in einem Zeitalter der Kindermusik [music for kiddies]." Der im *Rock* verfremdete Sound der Vokalisten, das ständige Forte, das Fehlen jeglicher feiner musikalischer Nuancen und schlaghammerartiges Rhythmusgeknalle mit Stottereffekten ergeben einen Sound, der unbedingt erregt, anpeitscht und an Aggressivität nicht zu überbieten ist. In gewisser Hinsicht vermittelt er durchaus nicht ein positives Lebensgefühl, eher Chaos und Gewalt. Man fragt sich, was danach überhaupt noch kommen kann und wie lange all diese aus dem Jazz und Blues einst hervorgegangenen Derivate noch als Jazz bezeichnet werden und den *Jazz* gewissermaßen als „zehnfach gefilterten Kaffee" (um ein krasses Beispiel anzuführen) weiterleben lassen.

Keine historische Epoche, auch nicht die des Jazz, kann beliebig mit sogenannten ständigen *Neuentwicklungen* verlängert werden. An die klassische Ära des Jazz erinnern aber immer noch die nostalgischen *Revival*-Jazzer mehr oder weniger überzeugend, und mit ihnen glimmt der Funke des Jazz noch manchmal auf, so daß der Geist der ORIGINAL DIXIELAND JAZZ BAND, der CREOLE JAZZ BAND und von Louis Armstrong ab und zu immer noch ein wenig spürbar ist.

135

Widmungen einiger farbiger Spitzen-Jazzmusiker an den Autor.

Anmerkungen

1 Siehe Louis Armstrong, *Swing That Music*, New York et al. 1936; ferner Gespräch mit dem Autor am 27.10.1955.

2 C. Crozart Conveese, *Ragtime*, in: *The Etude*, 1899.

3 Nat Shapiro/Nat Hentoff, *Hear me talkin' to ya*, Rinehart& Co. Inc., USA 1955 (Übers. d. Verf.)

4 Albert Nicholas in: *Jazz Podium*, Oktober 1960.

5 Siehe u. a. die Berichte im *Chicago Herald* vom 30.4. und 1.5.1916, in *Vaudeville* vom 31.8.1916, in *Breeze* und in *Billboard* vom 1.9.1916.

6 Walter Kingsley in: *Dramatic Mirror*, Dezember 1918 (Übers. d. Verf.).

7 F. W. Koebner, *Jazz und Shimmy*, mit Artikel von Hans Siemsen aus der Weltbühne vom 10.3.1921, Berlin: Dr. Eysler & Co. Verlag 1921.

8 Heinz Pollack, *Die Revolution des Gesellschaftstanzes*, Dresden: Sybillen Verlag 1922.

9 Darius Milhaud in: *Der Querschnitt*, Nr. 2/3, Sommer 1924.

10 Jaap Kool in: *Scherl-Magazin*, Berlin, November 1924.

11 Alfred Baresel, *Jazz-Buch*, Leipzig: Zimmermann Verlag 1925 und Paul Bernhard, *Jazz – eine musikalische Zeitfrage*, München: Delphin-Verlag 1927

12 Hermann Schreiber in: *Scherl-Magazin*, Berlin, Mai 1925.

13 Eduard Duisberg in: *Das Magazin*, Nr. 45, Berlin/Dresden, Mai 1928

14 Cliff Bell in: *Der Querschnitt*, Berlin, August 1925.

15 Georg Cornelius in: *Die Stimme seines Herrn*, Hauszeitschrift der Deutschen Grammophone Gesellschaft, Hannover, Januar 1932 (Übernahme eines Artikels aus dem *Melody Maker*, London 1931).

16 Beispiel aus: *Neues Lexikon*, Zürich: Consortium AG 1966.

17 Auch als Buch veröffentlicht: Tony Palmer, *All You Need Is Love*, USA/England 1976.

18 Beitrag von Herbert Hellhund über die Swingmusik im Darmstädter Ausstellungskatalog *That's Jazz*, Darmstadt 1988.

19 RoRoRo, 1989.

20 Gespräch mit dem Autor am 27.10.1955.

21 Siehe u. a. Joachim Ernst Berendt, *Jazzlife*, Burda Verlag 1961.

22 Schreiben an den Autor vom 21.12.1959 (Übers. d. Verf.).

23 Siehe Anm. 5.

24 Siehe Horst H. Lange, *Jazz in Deutschland*, Berlin: Colloquium Verlag 1966. 2. Aufl. Hildesheim: Olms Verlag 1996.

25 *Music from a hat*, London 1919 (Übers. d. Verf.).

26 LaRocca-Interview in: *Palais Dancing News*, London 1919 (Übers. d. Verf.).

27 Schreiben an den Autor vom 26.1.1960.

28 Zitat nach Harry O. Brunn, *The Story of the Dixieland Jazz Band*, Lousiana State University Press 1960 (Übers. d. Verf.).

29 Harry O. Brunn, a. a. O.

30 Vincent Lopez, *Lopez speaking – My life and how I changed it* ..., New York: Citadel Press 1960.

31 Brief der ‚Pace and Handy Music Co.‘ ohne Tagesdatum (1921).

32 U. a. Len Guttridge, „The first man to bring jazz to Britain“, in *Melody Maker*, 14.6.1956.

33 *Red Jones*, Anfang 1920, in einem undatierten Schreiben an LaRocca aus West-Kensington, London.

34 Dan Wyllie-Zitat einer Konzertbeschreibung des SOUTHERN SYNCOPATED ORCHESTRA vom 26.9.1919.

35 Schreiben an LaRocca vom 21.8.1958 (Übers. d. Verf.).

36 Eine der ersten Abhandlungen über die OI5 veröffentlichte der Autor bereits 1958 in der Zeitschrift *Schlagzeug*.

37 Gespräch mit Ory am 3.10.1956.

38 Zitat nach Shapiro/Hentoff (wie Anm. 3), ferner Gespräch mit dem Autor für ein Interview im *Melody Maker*, Oktober 1955.

39 Gespräch mit dem Autor am 25.5.1960.

Literaturhinweise zur ODJB

Im folgenden sind nur Bücher und Beiträge in Zeitschriften erfaßt, und zwar in chronologischer Reihenfolge, die sich eingehender mit der ODJB befassen und ihre Bedeutung in der Jazzgeschichte betonen.

Schleman, Hilton R.: *Rhythm on Record*. London: Melody Maker Ltd. 1936.

Armstrong, Louis: *Swing That Music*: New York-London-Toronto: Longman, Green and Co. 1936

Chapman, John: *The first jazz men*, in: *Sunday News*, USA, 3. Januar 1937.

Moynahan, Jim: *Jazz impressions*, in: *Musical News*, England Oktober 1937 (Nachdruck in: *Eye Witness of Jazz*, England, 1946)

Ingman, Dan S.: *O.D.J.B.*, in: *Rhythm*, England, Oktober 1937

Jones, Billy/Schuler, Vic/Marquis of Donegall/Tonks, Eric/Rust, Brian: Artikel über die ODJB in: *Jazz Tempo*, England 1944.

Moynahan, Jim: *Jim Moynahan rates ODJB top*, in: *Record Information*, England, 1944/45.

Class, Robert: *A Night with the O.D.J.B.*, in: *Eye Witness of Jazz*, England 1946.

Rust, Brian: „*Original Dixieland*", in: *Pick Up*, England, April 1946.

Lange, Horst H: *The Fabulous Fives*, Lübbecke/Westfalen: Uhle & Kleimann 1959 (mit einer ODJB-Discographie).

Lange, Horst H.: *Nick LaRocca – Ein Porträt*. Wetzlar: Pegasus Verlag 1960.

Brunn, Harry O.: *The Story of the Original Dixieland Jazz Band*. Louisiana State University Press 1960.

Allen, Edison B.: *When Jazz began* (ODJB-Archiv), in: *The Tulanian*, USA, März 1960 (Übersetzung ins Italienische von Dr. Luigi Martini: *Documenti della vita di Nick LaRocca ...*, in: *Jazz di ieri e di oggi*, Italien, März 1961.

Martini, Luigi: *LaRocca si parla del Papa Bersagliere*, in: *Vita*, Italien, März 1961.

Martini, Luigi: *Original Dixieland Jazz Band i creatore del Jazz*, in: *Discotega*, Italien, Mai 1961.

Rust, Brian: *The Original Dixieland Jazz Band – 50th Anniversary of the first Jazz recordings*, in: *Storyville*, England, Feb./März 1963.

Kunstadt, Len/Zaccagnino, Mike: *Tony Spargo Photorama*, in: *Record Research*, USA, Juli 1963

Mercer, George: *The first Fifty Years of Jazz*, in *Second Line*, USA, Mai/Juni 1967.

Bennett, Phil: *ODJB*, in: *Jazz Times*, England, November 1967.

Herde, Curtis D.: *Documenting the rise of Jazz* (Hogan Jazz Archive, Tulane University), in: *The Jazz Archivist*, USA, November 1967.

Lange, Horst H.: *Horst H. Lange's Fabulous Fives*. Revised by Ron Jewson, Derek Hamilton & Ray Webb. Essex: Storyville Publications & Co. Ltd. 1978 (mit kompletter ODJB-Discographie).

Serio, Linda: *One Hundred Years of Nick LaRocca – Creator of Jazz*, in: *Italian-American Digest*, USA, Vol. 15, No. 1, Frühjahr 1989.

Rust, Brian: *My Kind of Jazz*, London: Elm Tree Books 1990.

Lange, Horst H.: *Comics, Jazz und irre Zeiten*, Gelnhausen, Triga Verlag, Dezember 1999

Zu beachten sind ferner die verschiedenen Begleittexte von Brian Rust zu etlichen Langspielplatten mit Aufnahmen der ODJB auf den Marken Columbia, HMV (EMI), RCA Victor, VJM u. a.

Personen- und Bandregister

148

Ein seltenes Bild aus dem Jahre 1919: Die ODJB-Musiker zeigen sich aus Jux mit Instrumenten, die sie sonst gar nicht spielen. Es war die Anfangszeit, als das Saxophon zu einem Symbol der Jazzmusik aufkam. LaRocca und Shields: Saxophone, Edwards: Violine mit Sbarbaro: Drums und J. Russel Robinson: Klavier. (Archiv Lange)

Anhang

Discographie der ORIGINAL DIXIELAND JAZZ BAND (ODJB)

Die vorliegende Discographie enthält alle ODJB-Aufnahmen mit und ohne Nick LaRocca. Sie stützt sich u. a. auf Material von Mr. Nick LaRocca, Mr. Harry O. Brunn und Mr. Brian Rust. Dabei soll auf die kompletten Discographien der ODJB, EARL FULLER'S FAMOUS JAZZ BAND, NEW ORLEANS JAZZ BAND, LOUISIANA FIVE, ORIGINAL MEMPHIS FIVE, ORIGINAL INDIANA FIVE und ORIGINAL GEORGIA FIVE hingewiesen werden, die 1978 – in Zusammenarbeit mit dem Storyville Team (London) – als „The Fabulous Fives" in England veröffentlicht wurde.

Nur die Original-Schellackplatten-Ausgaben sind hier genannt. Langspielplatten und Compact Discs sind –soweit wie bekannt – in Klammern unter den entsprechenden Abschnitten gesondert angeführt. Acetates sind Tonfolien und keine regulären Handelsplatten, Tapes sind Tonbandaufnahmen, und Soundtracks sind Filmtonaufnahmen.

Alle Bezeichnungen (Instrumentenabkürzungen usw.) entsprechen den international üblichen.

(Stand 1990)

Abkürzungen der Plattenmarken (78rpm Schallplatten):

Ae-Vo:	Aeolian-Vocalion (USA)
ASR:	Alberti Special Record (Deutschland)
Bb:	Bluebird (USA)
Bilt:	Biltmore (USA)
BrE:	Brunswick (England)
Co:	Columbia (USA)
CoE:	Columbia (England)
CoJ:	Columbia (Japan)
Com:	Comodore (USA)
El:	Electrola (Deutschland)
GrF:	Disque Grammophone (Frankreich)
GrI:	Disco Grammofono (Italien)
GrS:	Gramophone (Spanien)
HMV:	His Master's Voice (England)
HMV(S):	His Master's Voice (Schweiz)
JC:	Jazz Collector (England)
Od:	Odeon (Deutschland)
OK:	OKeh (USA)
PaE:	Parlophone (England)
PaI:	Parlophone (Italien)
V-Disc:	V-Disc, Special Service (USA)
Vi:	Victor (RCA Victor) (USA)
ViArg:	Victor (Argentinien)
VdF:	La Voce del Padrone (Italien)
ZonoAus:	Zonophone (Australien)
Zono:	Zonophone (England)

(Die Firmennamen der LPs und CDs sind voll genannt.)

1. Die ORIGINAL DIXIELAND JAZZ BAND
mit Nick LaRocca

ORIGINAL DIXIELAND JASS BAND:
Dominic *Nick* LaRocca (c, ld), Eddie Edwards (tb), Larry Shields (cl), Henry
Ragas (p), Tony Sbarbaro (d)

New York, 30. Januar 1917

77086-1	Darktown Strutters' Ball	Co unveröffentlicht
77086-2	Darktown Strutters' Ball	Co unveröffentlicht
77087-1	Indiana	Co unveröffentlicht

(Diese Aufnahmen blieben wegen aufnahmetechnischer Mängel unveröffent-
licht.)
Bandmitglieder wie oben

New York, 26. Februar 1917

19331-1	Livery Stable Blues	Vi 18255, Bilt 1110
19331-2	Livery Stable Blues	Vi unveröffentlicht
19332-1	Dixieland Jass Band One-Step	Vi unveröffentlicht
19332-2	Dixieland Jass Band One-Step	Vi unveröffentlicht
19332-3	Dixieland Jass Band One-Step – Introducing "That Teasin' Rag"	Vi 18255, Bilt 1109

ORIGINAL DIXIELAND JASS BAND:
Bandmitglieder wie oben

New York, 31. Mai 1917

77086-3	Darktown Strutter's Ball	Co A.2297, CoE 2903, CoJ S.10001
77086-4	Darktown Strutters' Ball	Co A.2297
77087-2	Indiana	Co A.2297, CoE 2903
77087-3	Indiana	Co A.2297

(CoJ S.10001 zeigt den "Take"-1 in Wax, ist jedoch eine Kopie von "Take"-3,
als ORIGINAL DIXIELAND JAZZ BAND auf CoE 2903)
(Die frühen Columbia-Aufnahmen erschienen auf der LP: Philips 436000 A-
JE und die frühen Victor-Aufnahmen auf den LPs RCA 730-703 und RD.7919.)
Besetzung wie bisher

New York, 29. Juli 1917

	Indiana	Ae-Vo Testaufnahme
	Ostrich Walk	Ae-Vo Testaufnahme

ORIGINAL DIXIELAND JAZZ BAND:
Besetzung wie bisher

		New York, 7. August 1917
	Barnyard Blues	Ae-Vo 1205, JC L.53
	Tiger Rag	Ae-Vo 1206, BrE 02500
	Ostrich Walk	Ae-Vo 1206, JC L.72
	There it Goes Again	Ae-Vo unveröffentlicht
		New York, 3. September 1917
A247	At The Jazz Band Ball	Ae-Vo 1205, JC L.53
		New York, 9. September 1917
A435-2	Look At Me Doin' It Now	Ae-Vo 1242, JC L.72
	That Loving Baby of Mine	Ae-Vo unveröffentlicht
		New York, 24. November 1917
A444	Oriental Jazz (Soudan)	Ae-Vo 1207, B.12079
	Reisenweber Rag	
	(Dixieland Jazz Band	
	One-Step)	Ae-Vo 1242, BrE 02500

(Sämtliche veröffentlichten Aeolian-Vocalion-Aufnahmen erschienen auf den
LPs: Fountain FJ.101 und BYG Records 6434902.)

ORIGINAL DIXIELAND JAZZ BAND:
Besetzung wie bisher

		New York, 18. März 1918
21583-1	At The Jazz Band Ball	Vi 18457, HMV B.1021, GrF K.578, GrSp AE.724, GrI R.8232
21583-2	At The Jazz Band Ball	Vi unveröffentlicht
21583-3	At The Jazz Band Ball	Vi unveröffentlicht
21584-1	Ostrich Walk	Vi unveröffentlicht
21584-2	Ostrich Walk	Vi unveröffentlicht
21584-3	Ostrich Walk	Vi 18457, HMV B.1021, FrF K.578, GrSp AE.724, GrI R.8232
		New York, 25. März 1918
21700-1	Skeleton Jangle	Vi unveröffentlicht
21700-2	Skeleton Jangle	Vi 18472, Bilt 1111
21700-3	Skeleton Jangle	Vi unveröffentlicht
21701-1	Tiger Rag	Vi unveröffentlicht
21701-2	Tiger Rag	Vi unveröffentlicht

21701-3	Tiger Rag	Vi 18472, 25908, HMV B.8466, El EG.7793, Bilt 1112

New York, 25. Juni 1918

22041-1	Bluin' The Blues	Vi unveröffentlicht
22041-2	Bluin' The Blues	Vi unveröffentlicht
22041-3	Bluin' The Blues	Vi 18483, HMV B.1022, Bilt 1113, GrF K.579, GrSp AE.725, GrI R.8253
22042-1	Fidgety Feet (War Cloud)	Vi unveröffentlicht
22042-2	Fidgety Feet	Vi 18564
22042-3	Fidgety Feet	Vi unveröffentlicht
22043-1	Mournin' Blues	Vi unveröffentlicht
22043-2	Mournin' Blues	Vi unveröffentlicht
22043-3	Mournin' Blues	Vi unveröffentlicht
22044-1	Sensation Rag	Vi unveröffentlicht
22044-2	Sensation Rag	Vi 18483, HMV B.1022, B.8485, GrF K.579, GrSp AE.725, GrI R.8253
22044-3	Sensation Rag	Vi unveröffentlicht
.....	Sweet Mama (Papa's Getting Mad) Band: vocal	Vi Testaufnahme (ohne Matrizennummer)

(Als ORCHESTRE JAZZ BAND DU GRAMMOPHONE nur auf GrF K.579)

New York, 17. Juli 1918

22043-4	Mournin' Blues	Vi 18513
22043-5	Mournin' Blues	Vi unveröffentlicht
22066-1	Clarinet Marmelade Blues	Vi unveröffentlicht
22066-2	Clarinet Marmelade Blues	Vi 18513, HMV B.8500, Bilt 1114
22066-3	Clarinet Marmelade Blues	Vi unveröffentlicht
22067-1	Lazy Daddy	Vi unveröffentlicht
22067-2	Lazy Daddy	Vi unveröffentlicht
22067-3	Lazy Daddy	Vi 18564, ZoAu 3221

Emile Christian (tb) für Edwards und J. Russel Robinson (p) für Ragas

New York, 3. Dezember 1918

22337-1,-2,-3,-4	Lasses Candy (Belgian Doll)	Vi unveröffentlicht
22338-1,-2,-3,-4	Satanic Blues	Vi unveröffentlicht

THE ORIGINAL DIXIELAND JAZZ BAND:
Nick LaRocca (c, ld), Emile Christian (tb), Larry Shields (cl), J. Russel Robinson
(p), Tony Sbarbaro (d), (30-cm-Platten)

		London, 16. April 1919
76418-1	Barnyard Blues (Borneo Blues)	CoE unveröffentlicht
76418-2	Barnyard Blues	CoE unveröffentlicht
76418-3	Barnyard Blues	CoE 735
76419-1	At The Jazz Band Ball	CoE unveröffentlicht
76419-2	At The Jazz Band Ball	CoE unveröffentlicht
76419-3	At The Jazz Band Ball	CoE 735
		London, 12. Mai 1919
76458-1	Ostrich Walk	CoE unveröffentlicht
76458-2	Ostrich Walk	CoE unveröffentlicht
76458-3	Ostrich Walk	CoE 736
76459-1	Sensation Rag	CoE unveröffentlicht
76459-2	Sensation Rag	CoE unveröffentlicht
76459-3	Sensation Rag	CoE 736

(Auf einigen Kopien von CoE 736 sind die Titel verwechselt worden.)

THE ORIGINAL DIXIELAND JAZZ BAND:
Bandmitglieder wie oben

		London, 19. Mai 1919
76467-1	Look At 'Em Doing It	CoE 748
76467-2	Look At 'Em Doing It	CoE unveröffentlicht
76467-3	Look At 'Em Doing It	CoE unveröffentlicht
76468-1	Tiger Rag	CoE unveröffentlicht
76468-2	Tiger Rag	CoE unveröffentlicht
76468-3	Tiger Rag	CoE 748
		London, 13. August 1919
76566-1	Satanic Blues	CoE unveröffentlicht
76566-2	Satanic Blues	CoE 759
76567-1	Lasses Candy	CoE 759
76567-2	Lasses Candy	CoE 759
76567-3	Lasses Candy	CoE unveröffentlicht

Billy Jones (p) für J. R. Robinson

		London, 8. Januar 1920
76751-1	My Baby's Arms	CoE 805
76751-2	My Baby's Arms	CoE unveröffentlicht
76752-1	Tell Me	CoE unveröffentlicht

76752-2	Tell Me	CoE 804
76753-1	I' ve Got My Captain Working For Me Now	CoE unveröffentlicht
76753-2	I' ve Got My Captain Working For Me Now	CoE 815
		London, 10. Januar 1920
76754-1	I' m Forever Blowing Bubbles	CoE unveröffentlicht
76754-2	I' m Forever Blowing Bubbles	CoE 805
76755-1	Mammy O' Mine	CoE 804
76755-2	Mammy O' Mine	CoE 804
76756-1	I' ve Lost My Heart In Dixieland	CoE unveröffentlicht
76756-2	I' ve Lost My Heart In Dixieland	CoE 815
		London, 14. Mai 1920
74103-1	Sphinx	CoE 824
74104-1	Alice Blue Gown	CoE unveröffentlicht
74104-2	Alice Blue Gown	CoE 824
74105-1	Soudan	CoE unveröffentlicht
74105-2	Soudan	CoE 829

(Sämtliche englischen Columbia-Aufnahmen erschienen auf den LPs: Columbia 33S1087, 33S1133, World Records SH.220 und AJA 5023.)

ORIGINAL DIXIELAND JAZZ BAND:

Nick LaRocca (c, ld), Eddie Edwards (tb), Larry Shields (cl), Bennie Krueger (as), J. Russel Robinson (p), Tony Sbarbaro (d)

		New York, 13. September 1920
.....	Sphinx	Vi Testaufnahme
.....	Tell Me, Little Gypsy	Vi Testaufnahme
.....	Singing The Blues	Vi Testaufnahme

(Diese Testaufnahmen bekamen keine Matrizennummern.)

		New York, 24. November 1920
24580-1,-2,-3	In The Dusk	Vi unveröffentlicht
24581-1,-2,-3,-4	Margie	Vi unveröffentlicht
		New York, 1. Dezember 1920
22337-5	Lasses Candy	Vi unveröffentlicht
22338-5	Satanic Blues	Vi unveröffentlicht
22338-6	Satanic Blues	Vi unveröffentlicht

24581-5	Margie (Introducing, "Singin' The Blues")	Vi 18717, HMV B.1199, GrF K.914, GrI R.8527, ZonoAu 3296
24581-6	Margie	Vi unveröffentlicht
24581-7	Margie	Vi unveröffentlicht

New York, 4. Dezember 1920

24580-4	In The Dusk	Vi unveröffentlicht
24580-5	In The Dusk	Vi unveröffentlicht
24580-6	In The Dusk	Vi unveröffentlicht
24590-1	Palesteena	Vi unveröffentlicht
24590-2	Palesteena	Vi unveröffentlicht
24590-3	Palesteena	Vi unveröffentlicht
24590-4	Palesteena	Vi unveröffentlicht
24590-5	Palesteena	Vi 18717, HMV B.1199, GrF K.914, GrI R.8527, ZonoAu 3296

ORIGINAL DIXIELAND JAZZ BAND:
Nick LaRocca (c, ld), Eddie Edwards (tb), Larry Shields (cl), Bennie Krueger (as), J. Russel Robinson (p), Tony Sbarbaro (d), Clifford Cairns, Eddie King (voc)

New York, 30. Dezember 1920

24809-1	Broadway Rose – Introducing, "Dolly (I Love You)"	Vi unveröffentlicht
24809-2	Broadway Rose – Introducing, "Dolly (I Love You)"	Vi 18722, HMV B.1216, GrI R.8815, ZonoAu 3305
24809-3	Broadway Rose	Vi unveröffentlicht
24809-4	Broadway Rose	Vi unveröffentlicht
24809-5	Broadway Rose	Vi unveröffentlicht
24810-1	Sweet Mamma (Papa's Getting Mad)	Vi unveröffentlicht
24810-2	Sweet Mamma (Papa's Getting Mad) – Introducing "Strut, Miss Lizzie") CC/EK/Ensemble: voc	Vi 18722, HMV B. 1216, GrI R.8815, ZonoAu 3306

24810-3	Sweet Mamma (Papa's Getting Mad)	Vi unveröffentlicht
24810-4	Sweet Mamma (Papa's Getting Mad)	Vi unveröffentlicht
24810-5	Sweet Mamma (Papa's Getting Mad)	Vi unveröffentlicht

(Die unveröffentlichten "Takes" -1, -3 und -5 sind ebenfalls mit Gesang; "Take" -4 ist ohne Gesang.)

Besetzung wie oben, jedoch ohne Vokalisten

New York, 28. Januar 1921

24825-1	Home Again Blues	Vi unveröffentlicht
24825-2	Home Again Blues	Vi unveröffentlicht
24825-3	Home Again Blues – Introducing "Lindy"	Vi 18729, HMV B.1227, GrI R.8817
24826-1	Crazy Blues	Vi unveröffentlicht
24826-2	Crazy Blues	Vi unveröffentlicht
24826-3	Crazy Blues – Introducing, "It' s Right Here For You (If You Don' t Get It – Taint No Fault O' Mine)	Vi 18729
24826-4	Crazy Blues	Vi unveröffentlicht

Personal wie bisher, aber Frank Signorelli (p) für J. R. Robinson; zusätzlich Lavinia Turner, Al Bernard (voc)

New York, 3. Mai 1921

25072-1,-2,-3,-4	Jazz Me Blues LTvoc	Vi unveröffentlicht
25072-5	Jazz Me Blues (ohne Gesang)	Vi 18772, 25908, HMV B.1257, HMV B.8466, VdP HN.3102, El EG.7793
25072-6	Jazz Me Blues (ohne Gesang)	Vi unveröffentlicht
25073-1,-2,-3,-4	St. Louis Blues (ohne Gesang)	Vi unveröffentlicht

ohne L. Turner

New York, 25. Mai 1921

25411-1,-2,-3	Satanic Blues ABvoc	Vi unveröffentlicht
25412-1	St. Louis Blues ABvoc	Vi unveröffentlicht
25412-2	St. Louis Blues ABvoc	Vi 18772
25412-3	St. Louis Blues ABvoc	Vi unveröffentlicht
25413-1,-2,-3	Royal Garden Blues ABvoc	Vi unveröffentlicht

25413-4	Royal Garden Blues ABvoc	Vi 18798, HMV B.8500,

GrSp AE.131

New York, 7. Juni 1921

25432-1,-2,-3,-4	Dangerous Blues ABvoc	Vi unveröffentlicht
25432-5	Dangerous Blues ABvoc	Vi 18798, GrSp AE.131

ohne Al Bernard

New York, 1. Dezember 1921

25836-1,-2	Bow Bow Blues (My Mamma Treats Me Like A Dog)	Vi unveröffentlicht
25836-3	Bow Bow Blues (My Mamma Treats Me Like A Dog)	Vi 18850
25836-4,-5	Bow Bow Blues (My Mamma Treats Me Like A Dog)	Vi unveröffentlicht

(Sämtliche veröffentlichten ODJB-Aufnahmen der Marke Victor aus den Jahren von 1917 bis 1921 sind auch auf der Compact Disc (CD) RCA PD.90026 erhältlich.)

Original Dixieland Jazz Band (als American Jazz Band auf OdG 312926/27)

Nick LaRocca (c, ld), Eddie Edwards (tb), Arthur Seaberg (cl), Don Parker (as), Henry Vaniselli (Vanicelli) (p), Tony Sbarbaro (d.kazoo)

New York, c.23. November 1922

S-71-043-A,-B,-C,-D,-E	Some Of These Days	OK unveröffentlicht
S-71-044-A	Toddlin' Blues	OK unveröffentlicht

New York, 3. Januar 1923

S-71-043-F	Some Of These Days	OK 4738, OdG 312926
S-71-044-B	Toddlin' Blues	OK 4738, OdG 312927, PaE E.5116

(Diese zwei Aufnahmen OKeh 4738 erschienen auf den folgenden LPs: Parlophone PMC.1171 und Odeon 083248, "Jazz Sound of the Twenties".)

New York, April 1923

S-71-429-A	Tiger Rag	OK unveröffentlicht
S.71-429-B	Tiger Rag	OK 4841
S-71-430-A	Barnyard Blues	OK unveröffentlicht
S-71-430-B	Barnyard Blues	OK 4841

Nick LaRocca and the Original Dixieland Jazz Band:

Nick LaRocca (tp, ld), George Johnson, George Walters, Earle Ison (tp), Charlie Harris, Alexander Polascay (tb), Larry Shields (cl), Joe Hunkler, Buddy Saffer (as, cl), George Dessinger (ts, cl), J. Russel Robinson (p), Chris Fletcher (g), Boyd Bennett (b), Tony Sbarbaro (d), Junie Mays (arr)

New York, 2. September 1936

0301-1	Bluin' The Blues	Vi 25403, GrF K.7780, VdP GW.1650
0302-1	Tiger Rag	Vi 25403, HMV X.4808, GrF K.7780, VdP GW.1650
0303-1	Ostrich Walk	Vi 25460
0304-1	The Original Dixieland Band One-Step	Vi unveröffentlicht/Testplatte
0305-1	Clarinet Marmelade	Vi 25411, ViArg 68-039
0306-1	Satanic Blues	Vi unveröffentlicht/Testplatte

(Die auf 78er Platten unveröffentlichten Matrizen 0304 und 0306 erschienen auf der LP: RCA Jazz-Tribune NL.90026-2.)

Bigband-Besetzung wie oben; aber mit Chris Fletcher auch (voc)-Rundfunksendung "Magic Key"

New York, 20. September 1936

Bluin' The Blues	Broadcast/Acetate
Here's Love In Your Eyes CFvoc	Broadcast/Acetate
Tiger Rag	Broadcast/Acetate

(Die drei Titel der "Magic Key"-Sendung erschienen auf der folgenden LP: Rarities No. 36.)

Bigband-Besetzung wie bisher, aber auch mit J. R. Robinson (voc)

New York, 25. September 1936

0489-1	Toddlin' Blues	Vi 25460
0490-1	Did You Mean It CFvoc	Vi 25420
0491-1	Who Loves You? CFvoc	Vi 25420
0492-1	Old Joe Blade (Sharp As A Razor) JRRvoc	Vi 26039
0493-1	Your Ideas Are My Ideas CFvoc	Vi unveröffentlicht/Testplatte
0494-1	Fidgety Feet	Vi 25668

THE ORIGINAL DIXIELAND FIVE:
Nick LaRocca (tp, ld), Eddie Edwards (tb), Larry Shields (cl), R. Russel
Robinson (p), Tony Sbarbaro (d)

New York, 25. September 1936

0495-1	Clarinet Marmelade	Vi unveröffentlicht/Testplatte
0496-1	Bluin' The Blues	Vi unveröffentlicht/Testplatte
0497-1	Tiger Rag	Vi unveröffentlicht/Testplatte
0498-1	Skeleton Jangle	Vi 25524, HMV B.8642, HMV(S) JK. 2682, Bilt 1111

ORIGINAL DIXIELAND JAZZ BAND:
Quintett-Besetzung wie bisher
"CBS Saturday Night Swingsession" Radiosendung

New York, 31. Oktober 1936

LaRocca Talks (Interview mit Dan Seymour)	CBS Broadcast Transcription
Livery Stable Blues (Barnyard Blues)	CBS Broadcast Transcription

Volle Bigband-Besetzung wie bei Sitzung vom September 1936

New York, 31. Oktober 1936

Tiger Rag	CBS Broadcast Transcription

(Die "Swing Session"-Aufnahmen erschienen auf der LP: Fanfare LP-3-103.)

THE ORIGINAL DIXIELAND FIVE (ORIGINAL DIXIELAND JAZZ BAND):
Nick LaRocca (tp, ld), Eddie Edwards (tb), Larry Shields (cl), J. Russel Robinson
(p), Tony Sbarbaro (d)

New York, 10. November 1936

0495-2	Clarinet Marmelade	Vi 25525, Bilt 1114
0496-2	Bluin' The Blues	Vi 25525, Bilt 1113
0497-2	Tiger Rag	Vi 25524, Bilt 1112, HMV B.8642, HMV(S) JK.2682
02488-1	Barnyard Blues	Vi 25524, Bilt 1110, HMV B.8648, ASR L.25496, HMV(S) JK.2637
02489-1	Original Dixieland One-Step	Vi 25502, Bilt 1109, HMV B.8648, HMV(S) JK.2637

(Sämtliche veröffentlichte Victor-Aufnahmen der Jahre von 1917-1936, mit Ausnahme der Bigband-Aufnahmen, erschienen auf den LPs: RCA RD.7919, 730-703/4; außerdem erschienen sämtliche veröffentlichte Victor-Aufnahmen von 1917-1936, mit Ausnahme der Matrizen 0490, 0492 und 0493 auf den LPs: RCA Jazz-Tribune NL.90026(2)-1/2.)

Quintett-Besetzung wie am 10. November 1936
"March of Time"-Filmaufnahmen

New York, Ende Januar/
Anfang Februar 1937

Tiger Rag	Film-Soundtrack (Acetate)
Barnyard Blues	Film-Soundtrack (Acetate)
Clarinet Marmelade	Film-Soundtrack (Acetate)

Nick LaRocca – Private Recordings:
James LaRocca (tp), Nick LaRocca (p. compere)

New Orleans, 26. April 1960

Trumpet Solo	Tape & Acetate
The Holy City	
(Chord Construction)	Tape & Acetate
Transfer In Blues	Tape & Acetate
Give Me That Love	Tape & Acetate
Float Me Down To	
New Orleans	Tape & Acetate
LaRocca talks about	
Early Jazz	Tape (partly on Acetate)

Nick LaRocca Dixieland Jazz Band:

Nick LaRocca (talking, composer), Sharkey Bonano (tp), William "Bill" Crais (tb), Pinky Vidacovich (cl), Armand Hugh (p, ld, arr), Joe Capraro (bj), Chink Martin (tuba, b), Monk Hazel (d), Thomas Jefferson (voc)

New Orleans, September 1960

Introduction by Nick LaRocca	Southland LP SLP-230
Tiger Rag	Southland LP SLP-230
Float Me Down To	
New Orleans (*) TJvoc	Southland LP SLP-230
Weary Blues	Southland LP SLP-230
Fidgety Feet	Southland LP SLP-230

163

Mike Lala (tp), Bill Bourgeois (cl), Emile Christian (b) für Bonano, Vidacovich und Martin

New Orleans, September 1960

(At The) Jazz Band Ball	Southland LP SLP-230
Basin Street Parade * TJvoc	Southland LP SLP-230
Original Dixieland One-Step	Southland LP SLP-230
Lost My Heart In Dixieland	Southland LP SLP-230

(* Diese Titel komponierte Nick LaRocca in den letzten zwei Jahren vor seinem Tode. Ein weiterer neuer LaRocca-Titel "Oh That Band From Dixieland" wurde von Armand Hugh mit Solisten aus dem oben genannten Personal auf der LP Southland SLP-228 veröffentlicht.)

Rückseiten der "einseitigen" 78er-Veröffentlichungen der ODJB:

Ae-Vo 1207 und B.12097	– Ford Dabney's Band
ASR L.25496	– Tommy Dorsey & His Orchestra
CoE 829	– London Dance Orchestra
HMV X.4808	– Jack Hylton & His Orchestra
HMV B.1227 und GrI 8817	– All Star Trio
PaE E.5116	– Guyon's Paradise Orchestra
Vi 25668	– Ronnie Munro & His Orchestra
Vi 26039	– Lionel Hampton & His Orchestra
Vi 18850	– Benson Orchestra of Chicago
Zono 3221	– Jos. C. Smith Orchestra

2. Die ORIGINAL DIXIELAND JAZZ BAND *ohne* Nick LaRocca

(Originalmitglieder der alten ODJB sind *kursiv* markiert.)

ORIGINAL DIXIELAND JAZZ BAND:
Phil Napoleon (c,ld), Miff Mole (tb), Jimmy Lytell (cl), *Frank Signorelli* (p), Jack Roth (d)

New York, April 1922

20139-2	Gypsy Blues	Arto 9140, Bell P.140, Hy-Tone K.140
20140-3	My Honey's Lovin' Arms	Arto 9140, Bell P. 140, Hy-Tone K.140

(Bem.: Das ist die „Original Memphis Five" unter der nicht genehmigten ODJB-Bezeichnung, trotz Frank Signorelli.)

ORIGINAL DIXIELAND JAZZ BAND:
Phil Capricotte (tp), Russ Morgan (tb, ld,voc), Sid Trucker (cl), Terry Shand (p, voc), Larry Hall (b), *Tony Sbarbaro* (d, kazoo)

New York, 9. Oktober 1935

18145-1	I'm Sittin' High On A Hill Top TSvoc	Vo 3084, PaE DP.185, Pal B.71158
18146-1	You Stayed Away Too Long TSvoc	Vo 3099
18147-1	I Live For Love RMvoc/TS: kazoo	Vo 3084, PaE DP.185, Pal B.71158
18148-1	Slipping Thru My Fingers	Vo 3099

THE ORIGINAL DIXIELAND JAZZ BAND with Shields, Edwards and Sbarbaro:
Eddie Edwards (ld), Sharkey Bonano (tp), Buck Scott (tb), *Larry Shields* (cl), *Frank Signorelli* (p), Artie Shapiro (b), *Tony Sbarbaro* (d), Lola Bard (voc)

New York, 18. Februar 1938

019681-1	Drop A Nickel In The Slot Lbvoc	Bb B-7454
019682-1	Please Be Kind LBvoc	Bb B-7442
019683-1	Jezebel LBvoc	Bb B-7454

019684-1	oooOO-Oh, Boom!	
	EE/ENSEMBLEvoc	Bb B-7442
019685-1	In My Little Red Book	
	LBvoc	Bb B-7444
019686-1	Good Night, Sweet Dreams	
	LBvoc	Bb B-7444

ORIGINAL DIXIELAND JAZZ BAND:

Unbekanntes Personal, inklusive Jimmy Lytell (cl) und *Frank Signorelli* (p)

New York, 1. Juli 1940

| Swing In B-Flat Minor | Broadcast (Acetate) |
| The Blues | Broadcast (Acetate) |

(Rundfunksendung: "Chamber Music Society Of Lower Basin Street")

ORIGINAL DIXIELAND BAND – ODJB:

Wild Bill Davison (c), *Eddie Edwards* (tb,ld), Brad Gowans (cl), *Frank Signorelli* (p), *Tony Sbarbaro* (d, kazoo) – World Broadcasting System, Rundfunkaufnahmen

New York, 3. Dezember 1943

JS15-B-1	Tiger Rag	World Transcription
JS15-B-2	Ostrich Walk	World Transcription
	Ostrich Walk	World Transcription
JS15-B-3	Lazy Daddy	World Transcription
JS15-B-4	Skeleton Jangle	World Transcription
	Skeleton Jangle	World Transcription
	Skeleton Jangle	World Transcription
JS15-B-5	Original Dixieland One-Step	World Transcription
	Original Dixieland One-Step	World Transcription
	Original Dixieland One-Step	World Transcription
JS16-A-1	The Sphinx	World Transcription
	The Sphinx	World Transcription
JS16-A-2	Clarinet Marmelade	World Transcription
	Clarinet Marmelade	World Transcription
JS16-A-3	Satanic Blues TS: kazoo	World Transcription
JS16-A-4	Fidgety Feet	World Transcription
	Fidgety Feet	World Transcription
JS16-A-5	Mournin' Blues TS: kazoo	World Transcription
	Mournin' Blues TS: kazoo	World Transcription

(Sämtliche genannten Titel (und "Takes") der Sitzung vom 3. Dez. 1943 erschienen auf der LP: G.H.B. Records GHB-100; alle mit Matrizennummern versehenen (perfekten) Titel erschienen auf der LP: Rarities No. 36.)

ORIGINAL DIXIELAND JAZZ BAND:
Bobby Hackett (c), *Eddie Edwards* (tb), Brad Gowans (cl), *Frank Signorelli* (p), *Tony Sbarbaro* (d)

New York, 30. Dezember 1943

VP435-D4-MC-3-1(A)	Tiger Rag	V-Disc 214-B
VP435-D4-MC-3-1(B)	Sensation	V-Disc 214-B

(Die beiden ODJB-Titel sind auf einer Seite der 30cm 78rpm-Platte, die Rückseite ist mit SIDNEY BECHET & HIS NEW ORLEANS FEETWARMERS.
Die V-Disc-Aufnahmen der ODJB erschienen auf der LP: Rarities No. 36.)

EDDIE EDWARDS & HIS ORIGINAL DIXIELAND JAZZ BAND:
Eddie Edwards (tb, ld), Wild Bill Davison (c), Brad Gowans (cl), Gene Schroeder (p), Bob Casey (b), *Tony Sbarbaro* (d, kazoo)

New York, 20. Oktober 1945

A-4871-2	Lazy Daddy	Com unveröffentlicht
A-4872-1	Mournin' Blues TS: kazoo	Com unveröffentlicht
A-4873-1	Ostrich Walk	Com unveröffentlicht
A-4874-1	Tiger Rag	Com unveröffentlicht

EDDIE EDWARDS AND HIS ORIGINAL DIXIELAND JAZZ BAND:
Eddie Edwards (tb,ld), Max Kaminsky (tp), Brad Gowans, Teddy Rey (p), Eddie Condon (g), Jack Lesberg (b), *Tony Sbarbaro* (d, kazoo)

New York, 6. April 1946

A-4883-1	Shake It And Break It	Com 613
A-4883-2	Shake It And Break It	Com unveröffentlicht
A-4884-1	Tiger Rag	Com 610
A-4885-1	Lazy Daddy	Com 612
A-4886-1	Barnyard Blues TS: kazoo	Com 610
A-4886-TK1	Barnyard Blues TS: kazoo	Com unveröffentlicht

Wild Bill Davison (c) zusätzlich

New York, 6. April 1946

A-4887-1	Mournin' Blues TS: kazoo	Com 611
A-4888-3	Skeleton Jangle TS: kazoo	Com 611
A-4888-1	Skeleton Jangle TS: kazoo	Com unveröffentlicht

A-4889-1	When You And I Were Young, Maggie	Com unveröffentlicht
A-4889-2	When You And I Were Young, Maggie	Com 613
A-4890-1	Ostrich Walk	Com 612
A-4890-TK1	Ostrich Walk	Com unveröffentlicht

(Sämtliche Commodore-Aufnahmen, auch die auf 78er Platten unveröffent-lichten, wurden auf der LP Commodore 6.26170AG veröffentlicht. Ferner auf London HMC.5014.)

ORIGINAL DIXIELAND JAZZ BAND:

Unbekannt (tp), *Eddie Edwards* (tb), unbekannt (cl), *J. Russel Robinson* (p), *Tony Sbarbaro* (d)

New York, c. Mitte 1950

Margie   Broadcast (Acetate)

(Programm: Sanka Coffee "We The People" – Broadcast, Werbesendung mit Interview)

Phil Napoleon (tp), *Eddie Edwards* (tb), Tony Parenti (cl), *J. Russel Robinson* (p), *Tony Sbarbaro* (d)

New York, 9. November 1960

Original Dixieland One-Step   Broadcast (Acetate)

Tiger Rag   Broadcast (Acetate)

(Programm: Winston Cigarettes "I' ve Got A Secret" – Broadcast, Werbesen-dung mit Interview)

3. Anhang zur Discographie:
Original Dixieland Jazz Band – Alumni

Die folgenden Aufnahmen wurden 1936 vom ehemaligen ODJB-Pianisten Billy Jones im Sinne und in der Tradition der ODJB produziert. Sie zählen zu den besten Dixieland-Jazz-Aufnahmen der 30er Jahre:

Billy Jones and his Dixieland Band:
Billy Jones (p,ld), Arthur Williams (tp), George Latimer (tb), Maurice Sheffield (cl), Douglas Howson (d), Winnie Cooper (voc)

London, 21. April 1936

CE7524-3	I' ve Got The Sweetest Girl	
	In All The World WCvoc	PaE F.478, Od(?)
CE7525-3	Bluin' The Blues	PaE F.478, Od(?)

(Der Titel "Bluin' The Blues" erschien auf der LP: Parlophone PMC.7095 „Jazz in Britain – The 30's". Etwa im Jahre 1965 wirkte Billy Jones in einem 10-Minuten-Pathé-Kurzfilm mit: "Billy Jones – Pioneer of Jazz". Der Vorspann des Films gibt keinerlei Einzelheiten bekannt, aber im Film wird an die ODJB erinnert und ihre Musik von den Original Down Town Syncopators rekreiert u. a. die Titel "Shimme-Sha-Wabble" und "The Charleston".)

Emperors of Jazz (Direction of Tony Spargo):
Unter dieser Bezeichnung nahm eine Phil-Napoleon-Gruppe am 10. und 12. April 1946 acht Titel für die Plattenmarke Swan auf, darunter die ODJB-Klassiker "Clarinet Marmelade", "At The Jazz Band Ball", "Fidgety Feet" und "Tiger Rag". In dieser Band spielte neben *Tony (Spargo) Sbarbaro* (d,kazoo) auch *Frank Signorelli* (p) mit. Diese Aufnahmen wurden u. a. auf den folgenden LPs veröffentlicht: Mercury MG.36033, 36055.

Phil Napoleon's Emperors:
Am 16. und 17. Mai 1946 nahm diese Gruppe mit *Tony Sbarbaro* (d) und *Frank Signorelli* (p) acht weitere Titel auf, darunter die ODJB-Hits "Sensation Rag", "Livery Stable Blues" und "Satanic Blues" ebenfalls für Swan auf. Dies war eine letzte "ODJB-Verbindung zur Original Memphis Five". Diese Aufnahmen erschienen auf den LPs: Decca DL.5261, Brunswick LA.8515 und Columbia CL.2505.

Connee Boswell and the ORIGINAL MEMPHIS FIVE:
Am 16. November 1956 nahmen *Tony Sbarbaro* (d, kazoo) und *Frank Signorelli* (p) mit vier weiteren Solisten und Connee (Connie) Boswell (voc) 12 Titel für RCA Victor auf, darunter "At The Jazz Band Ball" und "Singin' The Blues". Diese Aufnahmen erschienen auf den LPs: Victor LPM.1426, RCA RD-27017.

Tony Sbarbaro:
Mitwirkung auf folgenden Aufnahmen:
EDDIE CONDON'S BARRELHOUSE GANG/YANK LAWSON'S JAZZ DOCTORS:
4 Titel vom 20. November 1943 auf Riverside RLP.2509 und Signature 28130
MIKE LO SCALZO AND HIS DIXIELAND WOODSHEDDERS:
8 Titel vom 8. Mai 1945 inklusive Phil Napoleon (tp) auf Black & White 1212, 1213, 1214, 1215, Jolly Roger R.5005, 5006
PEE WEE ERWIN AND HIS DIXIELAND BAND:
8 Titel von 1956 auf Cadence CLP.1011, London HA-A.2009 – ferner: 7 Titel von 1955 auf Urania UJLP.1202, Jazztone J.1237

4. Die ORIGINAL DIXIELAND JAZZ BAND im Film

1. Die ODJB trat in einem Stummfilm, etwa im Monat November 1917, in Erscheinung: "The Good-For-Nothing" (auch veröffentlicht als "Jack, The Good-For-Nothing"), präsentiert durch William A. Brady; Direktor: Carlyle Blackwell; eine Produktion der World Film Corporation, lizensiert am 1.12.1917.

2. Die wiedervereinigte ODJB (Nick LaRocca, Eddie Edwards, Larry Shields, J. Russel Robinson, Tony Sbarbaro) – 1936 ursprünglich für den Film "The Big Broadcast" vorgesehen – wurde für die Monatsschau "March of Time", 3rd Year, No.7, 1937, aufgenommen. Innerhalb der Sequenz "The Birth of Swing" (6 Min.) sieht man Nick LaRocca im Gespräch und wie er die alte Band wieder zusammenholt. Zu Gehör kommen Fragmente des "Tiger Rag" und des "Barnyard Blues" (c. 12 Sek.). Die Aufnahmen wurden im alten Victor-Studio à la 1917 nachempfunden mit dem damaligen Ton-techniker Charles Sooey, der die Trichteraufnahmeapparaturen bediente. Der Film wurde am 19.2.1937 lizensiert.

3. Die 1936er ODJB erschien auch im Film "It's On The Record", Universal Pictures Co., Direktor: Milton Schwarzenwald, lizensiert am 3.3.1937, u. a. (wahrscheinlich) mit "Clarinet Marmelade" (1 min, 15 Sek.). Diese ODJB-Sequenz ist auch enthalten in dem One-Reeler Music Short "Jazz and Sand", einem Super-8-Film, der auch die Tänzer "Wilson, Keppel and Betty" zeigt.

4. Der Ausschnitt mit dem "Barnyard Blues", aus "March of Time" von 1937, wurde wiederholt in der Monatsschau: "March of Time", 10th Year, No. 12, 1944, innerhalb der "Music in America"-Sequenz.

5. Der Ausschnitt mit dem "Barnyard Blues", aus "March of Time" von 1937, wurde ebenfalls wiederholt in der Monatsschau "March of Time", 14th Year, No. 10, 1948 (innerhalb der "It's In The Groove"-Sequenz, die Geschichte der Schallplattenindustrie in den USA).

5. Typische Plattenbeispiele früher Nachfolge-Bands der ORIGINAL DIXIELAND JAZZ BAND, 1917 bis 1923

(In etwa chronologischer Folge nach der Gründungszeit der jeweiligen Orchester. Nur die 78er Erstausgaben sind genannt und die maßgebenden Orchesterleiter oder Spitzensolisten.)

1. Weiße Bands

BORBEE'S JASS ORCHESTRA (Ernest Borbee: p):
Gegründet 1916, ursprünglich als "Tango"-Band; Vorläufer der ORIGINAL GEORGIA FIVE (1922/23)

		New York, 14. Februar 1917
47372	Just The Kind Of A Girl You'd Love To Make Your Wife	Columbia A.2233

EARL FULLER'S FAMOUS JAZZ BAND (Earl Fuller: ld):
Gegründet 1917

		New York, 4. Juni 1917
20063	Ya-de-dah	Victor 18321

THE NEW ORLEANS JAZZ BAND (Jimmy Durante: p):
Gegründet 1918 von Johnny Stein

		New York, November 1918
478	Ja-Da, Intro: You' ll Find Old Dixieland In France	OKeh 1155

THE LOUISIANA FIVE (Anton Lada: d): Gegründet 1918

		New York, 1. April 1919
78377	Yelping Hound Blues	Columbia A.2742

TED LEWIS JAZZ BAND (Ted Lewis: cl):
Nachfolgeband von EARL FULLER'S FAMOUS JAZZ BAND, gegründet unter Ted Lewis Namen 1919

		New York, 5. September 1919
78623	Wond' ring	Columbia A.2857

Lopez and Hamilton's King of Harmony Orchestra (Vincent Lopez: p/Billy Hamilton: cl): Gegründet 1919

New York, 9. Januar 1920

| 7099 | Bluin' The Blues | Edison 50662 |

The Happy Six (Harry A. Yerkes: ld):
Gegründet 1919, mit Tom Brown (tb) und Alcide *Yellow* Nunez (cl) im Personal – siehe auch "Novelty Five"

New York, 28. Februar 1920

| 79002 | Shake Your Little Shoulder, Intro: You' ll Be Sorry – Dixieland Is Happyland | Columbia A.2905 |

Yerkes' Novelty Five (Harry A. Yerkes: ld):
Gegründet 1919, Ableger der Yerkes-Orchesterorganisation, mit Tom Brown (tb) und Alcide Nunez (cl)

New York, 5. März 1920

| 79024 | Railroad Blues | Columbia A.2929 |

Original Memphis Five (Phil Napoleon: c):
Gegründet 1917 und 1919

New York, c. 24. Januar 1922

| 42163 | Satanic Blues | Regal 9191, Emerson 10508 |

The Society Syncopators (The Georgians) (Frank Guarente: c):
Gegründet 1922, Ableger der Paul-Specht-Orchesterorganisation

New York, 29. Juni 1922

| 1100 | You Can Have Him, I Don' t Want Him Blues | Regal 9341, Banner 1090 |

New Orleans Rhythm Kings (Friars Society Orchestra) (Husk O'Hare: ld):

Richmond, 29. August 1922

| 11178 | Eccentric | Gennett 5009 |

Original Indiana Five (Tom Morton: d):
Gegründet 1922

New York, c. 6. November 1923

| 70397 | Tin Roof Blues | Pathé 036019, Perfect 14200 |

ORIGINAL GEORGIA FIVE (Ernest Borbee: p):
Gegründet 1922

New York, Mai 1923

(1445-A)   Oh Sister, Ain' t That Hot   Olympic 1445

2. Farbige Bands

DABNEY'S BAND (Ford Dabney: p):
Gegründet 1917

New York, Februar 1920

5257   Wedding And Shimmie And Jazz   Aeolian-Vocalion 14031

HANDY'S ORCHESTRA OF MEMPHIS (W. C. Handy: c):
Gegründet 1917

New York, 25. September 1920

77377   Livery Stable Blues   Columbia A.2419

WILBUR SWEATMAN'S ORIGINAL JAZZBAND (Wilbur Sweatman: cl):
Gegründet 1917

New York, 31. Mai 1918

77856   The Darktown Strutters' Ball   Columbia A.2596

MITCHELL'S JAZZ KINGS (Louis B. Mitchell: d):
Gegründet 1917

Paris, Februar 1920

5926   The Sheik Of Araby   Pathé 6550

EUBIE BLAKE'S JAZZ ORCHESTRA (Eubie Blake: p):
Gegründet 1917

New York, November 1917

66787   The Jazz Dance   Pathé 20430

MORRISON'S JAZZ ORCHESTRA (George Morrison: v):
Gegründet c.1918

New York, 2. April 1920

79098   I Know Why
              (Intro.: My Cuban Dreams)   Columbia A.2945

ORY'S SUNSHINE ORCHESTRA (Kid Ory: tb):
Gegründet 1919

Los Angeles, Juni 1922

(5009)   Ory's Creole Trombone   Sunshine 3009,
                                                                     Nordskog 5009

(Als "Spikes' Seven Pots Of Pepper Orchestra" auf Nordskog)

MAMIE SMITH'S JAZZ HOUNDS (Johnny Dunn: c):
Gegründet 1920

New York, Januar 1921

7724   Royal Garden Blues   OKeh 4254
(Instrumentalplatte – Mamie Smith produzierte auch die erste echte Blues-
Schallplatte mit ihrem Gesang: "Crazy Blues" vom 10.8.1920.)

JOHNNY DUNN'S ORIGINAL JAZZ HOUNDS (Johnny Dunn: c):
Gegründet 1921

New York, 21. Dezember 1921

80113   Bugle Blues   Columbia A.3541

KING OLIVER'S CREOLE JAZZ BAND (King Oliver: c):
Gegründet 1922

Richmond, 6. April 1923

11384   Canal Street Blues   Gennett 5133

Beispiele der oben genannten Nachfolge-Orchester der ODJB sind sporadisch
auf Langspielplatten veröffentlicht worden:

EARL FULLER, LOPEZ AND HAMILTON, LOUISIANA FIVE: Riverside RM.8801
NEW ORLEANS JAZZ BAND: Riverside RM.8818, Ristic 40
ORIGINAL MEMPHIS FIVE (Ladd's Black Aces): Fountain FJ.102, FJ.106,
                                                                     FJ.111, BYG Records 6434902,
                                                                     RCA 741115
ORIGINAL INDIANA FIVE (Indiana Syncopators): Ristic 40, VJM Records VPL.52
THE GEORGIANS (Society Syncopators):   Ristic 40. VJM Records VLP.12,
                                                                     VLP.13, VLP.14
THE NEW ORLEANS RHYTHM KINGS: Milestone M.47020,
                                                                     London AL.3536

JOHNNY DUNN'S JAZZ HOUNDS:	VJM Records VLP.11, Columbia CL.2160
KID ORY'S SUNSHINE ORCHESTRA:	Folkways FP.67
EUBIE BLAKE AND HIS SHUFFLE ALONG ORCHESTRA:	RCA PM. 42402
MITCHELL'S JAZZ KINGS:	Pathé 172725
KING OLIVER'S CREOLE JAZZ BAND:	VJM Records VLP.49, Classic Jazz Masters CJM.88502, London AL.3504, AL.3509 etc.

(Weitere Veröffentlichungen von LPs sind in den Plattenläden zu erfragen, da es infolge der ständigen Streichungen und Wiederveröffentlichungen kaum möglich ist festzustellen, welche Langspielplatten und CDs zur Zeit im Handel sind und welche nicht.

Die farbige Band von James Reese "Jim" Europe, bereits 1910 gegründet, nahm schon 1913 und 1914 Schallplatten mit Ragtime-, Tanz- und Salonmusik auf, und von März 1919 bis Mai 1919 weitere Platten mit seinem Militär-Orchester, der JIM EUROPE'S 369TH INFANTRY (HELL FIGHTERS) BAND. Obwohl Europe nach 1918 beanspruchte, "Jazz" zu spielen, war das Ergebnis im Jahre 1919 nur Ragtime-Marschmusik. Einige Titel der Europe-Orchester wurden auf LPs veröffentlicht: RCA P.45687 C, Saydisc SDL.221 – Ragtime-LPs.)

Jazz & Hot-Dance Musik

Geschichtliche Entwicklung 1916–1923

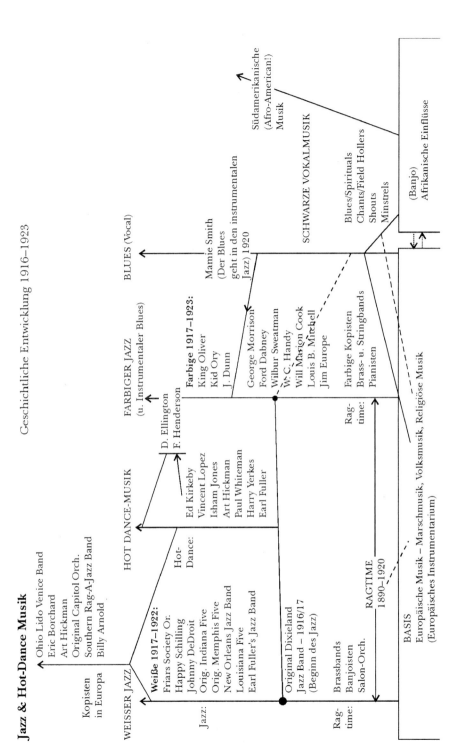

(Nur die *wichtigsten* Gruppen werden genannt)